생생한 존재감의 삶

옮긴이: 조원희

전자공학 박사 수료. 인터넷이 국내에 도입되던 시기에 더 나은 세상이 되길 바라며 인터넷 관련 책을 번역·집필·교육했다. 마하리쉬 국제대학(MIU) 수학 경험을 바탕으로 정신계 포탈을 지향하는 부다피아(현대불교 소속, 한마음선원 지원)를 운용했다. 새로운 패러다임 전환을 위해 달라이 라마와 과학자들 간의 최초 컨퍼런스를 기록한 책 '오래된 과학, 마음'을 번역했다. 1989년부터 인연이 된 라마 글렌의 법문을 통역해 왔으며, 라마 글렌의 티벳 불교 관련 책을 여러 권 번역했다. 모두가 잘 사는 새로운 패러다임을 여는 일에 기여하고자 한다.

생생한 존재감의 삶
초판발행 | 2016년 11월 28일

지은이 | 미나스 C. 카파토스
옮긴이 | 조원희
발행인 | 정청월
편집인 | 우 현
펴낸곳 | 미륵사(MAITRI BOOKS)

등록번호 | 제2015-000196호
서울특별시 중구 신당동 404-1, 4층
전화 | 010-8395-8881
팩스 | 02-333-8326
메일 | chongwol@yahoo.com

ⓒMenas C. Kafatos   Printed in Seoul, KOREA
가격 : 10,000원
ISBN : 979-11-957211-2-2 93420

*이 책의 전부 또는 일부 내용을 재사용하려면 사전에 저작권자의 동의를 받아야 합니다.

생생한 존재감의 삶

Living the Living Presence

미나스 C. 카파토스

조 원 희 옮김

깨달음의 보물창고
MAITRI BOOKS
미륵사

한국어판 머리말
Menas C. Kafatos

저는 한국에 있는 것이 너무 행복합니다. 한국에 살든, LA, 뉴욕시, 유럽 도시 등, 어느 곳에 살고 있는지 간에 한국인들과 대화하는 것도 너무 행복합니다. 우리 사는 세상이 더욱 작아지고 있는데 그래서 여러분을 만나는 건 참 좋습니다. 여기에서 제가 말할 수 있도록 기회를 준 한국인 형제자매들에게 감사하며, 모든 인류 형제들과 자매들에게도 감사합니다. 우리가 전에 만났거나, 지금 처음으로 만나든지 간에, 심지어 글, 블로그, 기사를 통해서만 만났더라도, 확실히 우리는 항상 함께했습니다. 공간과 시간을 넘어서 말이지요.

아래에서 보게 되는 것처럼, 시간은 상당히 인간적인 발상입니다. 우리는 시간에 의해 묶여있는 것처럼 보입니다. 전에는 공간에 구속되어 있었지요. 이제 공간은 오그라들어 우리는 하나의 지구 공동체를 이루고 있습니다.

저는 여기에서 여러분들과 함께 어떤 생각, 어떤 감정을 나누고 있습니다. 여러분은 "왜 당신이?" 그리고 "왜 우리가 당신 말에 귀를 기울여야 하나요?"라고 물을 겁니다. 좋은 질문입니다. 음, 저는 그리스에서 태어났지만 지금은 미국에 살고 있습니다. 과거 15년 정도 한국을 방문했습니다. 제가 아는 몇몇 사람들은 제가 한국에 특별한 인연이 있다고 말합니다.

우리 아내는(편집주: 카파토스 박사는 한국문화에 대한 이해가 깊다. 그래서 한국인은 습관적으로 '우리 아내'라는 표현을 쓴다는 걸 알고 있다.) 한국인이며, 한국에 있는 가족 전체 즉 처의 아버지, 오빠, 동생들, 언니들, 조카, 사촌들 모두가 저에게는 매우 특별한 친구 같습니다.

저는 매년 여기 한국에서 가르치고 있습니다. 때때로 저는 75% 한국인이라고 농담합니다! 그리고 그리스에도 가족이 있습니다. 두 명의 형제, 제수씨들, 매우 가까운 사촌, 여러 명의 조카가 삽니다. 그리스와 특히 제가 태어난 크레타는 저에게 매우 소중합니다. 그래서 저는 적어도 75% 그리스인임이 확실합니다! 그런데 미국에도 특별한 직계 가족이 있습니다.

저는 아내와 아들 세 명과 함께 미국에 살고 있습니다. 친척들, 많은 친구들과 동료들도 있습니다. 그래서 저는 또한 75% 미국인이라고 느낍니다. 어떤 의미에서 저는 세계 도처에 있습니다. 세계 시민이라고 느끼지만 한국, 그리스, 미국은 제게는 특별합니다. 이제 여러분이 계산을 했다면 제가 225%의 뭔가로 보일 겁니다! 그러나 이것은 전혀 이상하지 않습니다. 양자 세계에서는 이와 같은 이상한 일들이 일어날 수 있습니다! 그럼요, 아주 많이요.

농담은 그만두고, 제가 한국어를 못하지만 한국에 대해 많이 아는 것처럼 느껴집니다. 여기 음식을 좋아하고, 시골 지역도 좋고, 사람들도 사랑합니다. 여기가 고향처럼 느껴집니다. 제가 태어난 나라, 그리스는 여러모로 한국과 비슷합니다. 그래서 한국과 연결된 이 느낌은 이상하지 않습니다. 저는 제주도를 사랑합니다. 크레타를 떠올리게 됩니다. 높은 산과 많은 사찰을 사랑합니다. 그리고 그리스와 마찬가지로 한국도 반도입니다. 우리는 많은 유사점들을 공유합니다. 유구한 문화가 있고, 사람들은 본성이 친절하며, 다르기는 하지만 자연이 굉장히 아름답습니다.

아마도 저는 "멀리서 들려오는 목소리"일지 모르지만, 저는 여러분 중에 많은 분들이 보지 못하는 방식으로 한국과 한국인들을 볼 수 있습니다. 왜냐면 저는 멀리서, 아마도 지평선 너머에서 보기 때문입니다. 저는 또한 40년 동안 과학 지식을 탐구했으며 오랫동안 과학에서 얻은 이해와 동서양 양쪽 모두의 철학을 결합해오고 있습니다. "과학에서 신성한 것" 추구하기라는 것인데, 과학자 동료들 중 많은 사람들도 같은 견해를 갖고 있습니다. 결국 제가 말하는 것이 여러분에게 공명된다면, 그 메시지가 무얼 말하는지를 보고, 원한다면 여러분 자신의 경험의 일부로 만드세요. 만약 울림이 없다면, 넘어가세요. 그러나 어떤 경우에도 재미있게 사세요!

불교 속에 표현된 영성, 유교, 도교, 천주교, 기독교 교회의 가르침들, 때로는 샤머니즘으로 알려진, 자연에 대한 한국 특유의 유서 깊은 인식과 같은 위대한 전통들은 모두 한국의 일부입니다. 여러분들은 위대한 역사와 위대한 예술을 갖고 있습니다. 저는 항상 이들을 즐겁게 배우고 있습니다. 위대한 이 전통들은 시간에 구속되지 않습니다. 그렇지 않나요?

그렇지만 많은 한국인들은 옛 전통과의 접촉을 잃은 것처럼 보입니다. 한국은 과거 몇십 년 동안 무척 빠르게 발전해왔고, 첨단 기술의 나라, 첨단 경제, 많은 재능을 지닌 나라가 되었습니다. 그럼에도 불구하고 뭔가 빠졌다는 데에 아마도 동의하게 될 겁니다. 특히 젊은이들이 그렇게 느끼고 있습니다. 저는 많은 한국 청년들을 만나 좋은 토론을 많이 가졌는데 청년들은 저에게 자신들이 느끼고 있는 것들을 말해줬습니다.

어느 곳이든 사람들은 기본적으로 같다는 걸 알게 됩니다. 미국에 있는 사람들 또한 자신들이 가지고 있는 것에 만족하지 못하는 것처럼 보입니다. 뭔가가 빠졌습니다. 확실히 그리스에서는 다른 어떤 것보다 경제 상황이 더 심각합니다. 붓다가 말한 것처럼 인간이 처한 상황은 "불만족스럽습니다". 우리 모두는 같은 도전, 같은 문제를 접하고 있습니다. 특히 우리의 젊은이들은요. 우리는 많은 "문제"에 직면하고 있지만 대개 "해결책"을 모릅니다. 그렇지만 여기 지문에서 보게 되는 것처럼, 우리 마음이 그렇게 만드는 것보다 훨씬 더 쉬울 수도 있습니다. 한국과 같이 빠르게 변화하는 사회들이 겪는 문제 중에 하나는 빠른 현대화와 분명히 관련이 있습니다. 오래된 가치를 잊어버리게 됩니다. 현대적 삶이 비록 우리에게 물질적 즐거움과 일반적으로 편안한 삶을 제공하기는 하지만 우리의 불안을 없애지는 못하며 내적 추구를 채워주지도 못해왔습니다.

인간의 정신(psyche)은 그렇게 빨리 변하지 못하는 것이니 한국이 직면하는 문제들은 너무 빠른 변화와 관련이 있을 겁니다. 이것이 불안과 불확실성을 만듭니다. 우리의 행성 지구도 역사상 처음으로 호모 사피엔스가 실제로 지구상의 모든 생명을, 아니면 적어도 고등 생명들을 파괴할 수 있습니다.

우리는 깨어나야만 하며 한국에서, 그리스에서, 미국에서, 중국에서, 유럽에서, 인도에서, 브라질에서, 모든 곳에서 인류가 어디로 가고 있는지를 살펴봐야만 합니다. 저는 젊은이들에게 여러분들의 세상이며, 여러분들의 미래라고 말합니다. 한번 생각해보시고 여러분의 내적 감각과 일치하는 대로 행하십시오. 그러면 더 나은 미래 세상의 그림이 확실히 나타날 겁니다.

오늘날 실제로 몸이 가서 만나는 것이던 가상적인 만남이던지 간에, 서로에게 닿을 수 있는 여러 가지 방법이 있다는 건 좋은 겁니다. 우리는 서로를 분리되게 만들던 차이점들에 덜 구속 받는 것 같습니다. 반면에 여러모로, 특히 우리의 청년들이 분리되어 있다는 것도 압니다. 그렇기는 해도 여기 여러분들과 같이 있는 것은 멋진 일입니다.

여기 있는 것이 영광입니다. 큰 영광입니다. 왜냐면 과학과 영성, 과학과 종교 간의 토론을 탐구할 수 있으니까요. 특히 언제나 위대한 질문인 "나는 누구인가?"를 탐구할 수 있으니까요. "내 삶의 목적은 무엇인가?" "지속되는 행복을 어떻게 성취할 수 있는가?" 우리는 이들 질문에 대해서 지금 한국에 맞는 한국적 견해를 제시할 수 있습니다.

여기에서 읽게 될 그리고 여기에서 듣게 될 내용이 여러분과 공명되기를 바랍니다. 여러분의 잠재적 질문이나 실제 질문은 대단히 그리고 항상 좋습니다. 묻는 걸 포기하지 마세요. 저는 여러분들께서 질문해 주시는 걸 감사해 합니다.

우리는 주변 사람들 탓을 하면서 자신의 좌절을 다른 이들 책임으로 돌리는 것 같습니다. 우리는 다른 누군가를,

아니면 다른 뭔가를 탓합니다. 예전에 좌절은 힘든 생활 조건과 관련이 있었습니다. 이제 우리는 편안하게 살고 있지만 좌절은 다른 형태로 지속되고 심지어 더 많아지는 것처럼 보입니다. 이건 어떤 점에서는 인간다움의 특징입니다. 그러나 여기 한국에서는 특별한 성격을 갖습니다. 과거 60년 동안 한국은 한국전쟁으로 인해 폐허가 된 나라를 경제와 기술 발전에 있어 세계에서 최고 국가 중에 하나로 만들었습니다. 이런 급속한 변화로 인해 사람들이 점진적 발전과 적응을 용인하지 못하는 건 놀라운 일이 못 됩니다. 그러나 우리 모두는 인간입니다.

우리는 서로에게서 배우고 서로 나누기 위해 여기에 있는 겁니다. 한국인이든, 그리스인이든, 미국인이든, 아니면 다른 국적의 사람이던지 간에 우리는 먼저 그리고 가장 먼저 지구라고 알려진 우리 고향인 이 아름다운 행성에서 인류라는 전 지구적 사회의 형제이자 자매들입니다.

행복하세요. 너무 심각해 하지 마세요. 뭐가 문제인가요? 이것이 이 책의 기본 메시지입니다. 다시 말해, 우리가 누군지 알고 삶을 최대한 누리고 함께 재미있게 놉시다. 조금 덜 심각하게 삶을 받아들입시다.

C·O·N·T·E·N·T·S

*미나스 카파토스를 말하다 · 14

*미나스 카파토스 박사는 어떤 사람입니까?_양근향 · 18

1. 양자 우주 · 23

2. 마음 · 33

3. 시간 · 39

4. 나는 누구인가? · 47

5. 생생한 존재감으로 살아가기 · 59

6. 실용적 측면들, 한국 민속 예술과 우주 법칙들 · 63

7. 지구 그리고 여러분 · 69

8. 시간과 내 마음 관리법-나를 미치게 만드는 내 마음을 어떻게 멈추나? · 72

C·O·N·T·E·N·T·S

9. 여러분 자신의 마음과 제일 친한 친구가 되어 시간 운용하기 · 75

10. 양자기업 · 78

11. 양자 관계 · 81

- 〈생생한 존재감의 삶〉 요약 · 87
- LA 강연: 나는 누구인가? · 92
- 명상하는 양자물리학자 카파토스 교수_수불 스님 · 97
- 양자과학과 마음의 이론이 놀랍다_이혜정 원장 · 101
- 추천의 글_배경민 신부 · 103

들어가며

'미나스 카파토스'를 말하다

Dr. Menas Kafatos

ⓒCBS세바시팀 제공

세계 과학계에 새롭게 떠오르고 있는,
Dr. Menas Kafatos의 과학과 영성이 결합된 패러다임은
새로운 앎의 지평을 보여주고 있다

그리스 출신의 미국인 미나스 카파토스 교수는 최근까지 오렌지카운티 채프먼대학 부총장으로 재직했으며, 양자역학, 천체물리학 관련 수많은 연구들을 과학저널에 발표하면서 노벨상 후보로까지 거론되고 있다.

오늘날 많은 과학자가 과학을 통해 신에게 접근했다. 카파토스 교수도 우주와 양자역학에 대한 탐구가 자연스럽게 그를 인도 명상으로 이끌었다. 인문학·물리학·의학·종교를 넘나드는 '대화형 강의'로 미국의 대표적인 명상의학 전문가 디팍초프라 박사와 미국 전역을 돌며 많은 이들에게 과학과 영성이 결합된 새로운 앎의 지평을 보여주고 있다.

* 현재 한국에서 의식 관련 연구소를 계획하고 있다.

(現) 미국 Chapman 대학교 계산물리학과 석좌교수
Chapman대학교 부총장, George Mason 대학교 학장 역임
MIT 박사학위 취득
Cornell University 학사학위 취득
2011년 초프라 재단의 Spirit of Rustum Roy Award 수상
나사에서 10년간(현재포함) 연구비 지원으로 연구 중(한화 550억 연구비)
최고의 논문으로 평가되는 315여 편의 논문 발표

Dr. Menas Kafatos 의 메시지

★

과학과 영성은 도그마와 대화 부족으로 인해 갈릴레오 시대 이래로 다투어 왔습니다. 그럼에도 불구하고 이 둘은 우리가 누구인지를 탐구하고 우주의 미스터리들을 밝혀낼 수 있는 두 가지 중요한 렌즈이며 이들은 인류가 직면하고 있는 현재의 문제를 해결하기 위해 애쓰고 있습니다.

새로운 패러다임이 오늘날 정신계에 나타나고 있습니다. 이 패러다임은 직접적인 경험에 기반해 있으며 첨단 과학의 발견에도 능통합니다. 고대의 영적 개념들은 현대 과학, 특히 양자 물리학과 더더욱 직접적으로 밀접하게 관련되어 있습니다.

사실, 양자 역학의 창시자들인 하이젠베르크, 보어, 슈뢰딩거는 베다 문헌을 열심히 읽었고 양자 물리학에서 행한 자신들의 실험이 베다에서 읽었던 것과 일치하는 걸 목격했습니다.

쏘로우, 칸트, 쇼펜하우어, 슈뢰딩거, 하이젠베르크, 테슬라, 아인슈타인, 등등과 같은 저명인사들은 한 목소리로 바가바드 기타와 우파니샤드와 같은 베다 문헌을 쓰여진 책 중 가장 영향력 있는 책으로 여겼습니다.

저명한 학자들과 함께, 의식 그리고 의식과 인간 영성과의 관계에 관한 새롭게 떠오르고 있는 과학을 탐구합시다.

● 카파토스 박사님은 어떤 사람입니까?

양근향 박사(뇌 연구 과학자)

공식적인 장소나 사적인 모임에서 사람들에게 받는 질문 중에 하나가 "카파토스 박사님은 어떤 사람입니까?"입니다. 저는 거의 질문과 동시에 이렇게 대답하지요.

"이 사람은 아주 좋은 사람입니다"라구요. 이번에도 같은 대답으로 시작하지요. "우리 남편은 좋은 사람입니다"라구요.

저는 미나스 카파토스 박사를 과학자의 스승, 자기 일을 열심히 하는 훌륭한 과학자, 나눔의 기쁨을 알려주는 사람, 마지막으로 좋은 남편으로서 소개하려 합니다.

제가 두뇌 과학 박사과정 학생이었을 때 과학자 스승으로 처음 만났습니다. 그 당시 그는 대학에서 상당히 높은 위치에 있었지만 언제나 겸손했고 같은 과학자로서 어떻게 과학 인생을 가야 하는지를 보여주는, 모든 학생들의 길잡이가 되어주는 스승이었습니다.

- **훌륭한 과학자:** 저는 박사학위를 마치고 쫀스홉킨스대학으로 옮겼고 카파토스 박사와 공동 과제를 통해서 다시 만났습니다. 과제의 총책임자임에도 불구하고 그는 어느 연구원보다도 가장 열심히 연구하는 과학자의 모습을 보여주었지요. 저를 포함한 모든 인원들이 그를 쫓아가기 위해서 한참이나 고생했던 기억이 지금도 생생합니다. 그는 열심히 연구하는 훌륭한 과학자였습니다.

- **나눔을 실천하는 사람:** 제가 NIH(미국국립의료원)에 재직 당시 또 다시 카파토스 박사님을 만나게 됩니다. 그는 언제나 어렵고 약한 사람에게 관심을 주었고 그들과 나누는 또 다른 모습을 저에게 보여주었습니다. 주변 사람들에게 나누는 기쁨을 알게 해주는 그런 사람이었습니다.

- **좋은 남편:** 5년전 저를 많이 사랑해 주시던 어머니가 떠나고 세상에 혼자 남겨진 것 같은 허무함과 외로움 속에서 방황하던 저에게 그는 남편으로서 어머니가 남기고 간 제 가슴 속의 큰 구멍을 채워주려고 무던히 노력하는 좋은 남편이었습니다. 다시 말씀드리면 그는 좋은 사람입니다.

이 책을 통해 만나는 독자들과 미나스 카파토스 박사는 어떤 만남을 가지게 될지 궁금해집니다.

Susan 양 박사는
현재 채프만대학교 교수로
재직중임.

신경 장애(Neuronal disorders), 전기 생리학(Electrophysiology), 두뇌에서의 화학 물질의 영향뿐만 아니라 전산 생물학 및 생물 정보학 분야의 모델링 전문가로 뇌공학 컴퓨터 시뮬레이션을 이용한 전산생물학 분야에서 연구하고 있음.

계산 과학은 실험만으로는 연구할 수 없는 것들을 보안하는 분야이며 모든 과학에 다 적용 되는 현대 사회에서 필요로 하는 학문이다.

생물 화학과 컴퓨터 공학을 접목한 현대 과학을 이용해 인간의 뇌기능을 연구하고 나아가 간질과 같은 뇌관련 질병치료에 도움을 주는 연구를 하고 있다.

2010년 의약과 치료 연구 저널(Journal of Pharmacology and Experimental Therapeutics)에 의료 목적을 위한 과학연구로 환각 작용을 제거한 부작용 없는 마리화나 연구 논문을 발표하여 학계로부터 비상한 관심을 받았을 뿐 아니라 '뉴로 사이언스'지에 게재될 정도로 뜨거운 호응을 받고 있다.

2014부터 현재까지 오바마 대통령이 전국적으로 과학을 프로모션을 하기 위한 정책 중 하나로 스템(Science,

Technology, Engineering and Mathematics) 프로젝트를 추진하고 있는데, 오렌지 카운티에서 로칼엔 글로벌 커뮤니티 스템 프로젝트에 아카데미 고문과 심사위원으로 활동했다. 이로 인하여 한국과 미국 사회에 공헌한 공로로 공로상을 받았다. 같은 이유로 2014년 재미과학 협회(Korean-American Scientists and Engineers Association-KSEA)로부터 사회공로상을 받았다.

2008년 채프만대학교에서 한국학생회를 조직하여 재미교포 2세 학생들과 미국 현지인 학생들에게 한국 문화와 역사 등 한국을 알리는 일을 하고 있다.

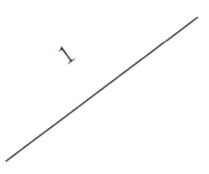

많은 실용적인 기기들과 실용 기술에서 볼 수 있는 것처럼 양자역학의 법칙들은 여러 사회에서 상당한 부를 창출하고 있습니다. 이와 똑같은 법칙들이 우리의 일상적인 여러 활동에서도 발견됩니다.

양자역학은 세계 GNP의 반 정도를 책임지고 있으며 태양을 빛나게 하고, 광합성을 일으키고, 생명에도 적용되고 마음에도 적용됩니다.

이들 법칙은 기술도 번창시킵니다.

스마트폰은 양자역학 때문에 작동합니다. 얽힘과 같은 양자현상은 미래 양자 컴퓨터에 사용될 것이고 심지어 완전히 입증된 보안체계를 위성 통신에 제공할지도 모릅니다.

양자역학에 기반한 자연 법칙들은 가장 먼저 우리의 일상생활에 적용됩니다. 사실 예술에도 적용됩니다. 심리학에도 적용됩니다. 주의해서 들어보세요. 모든 곳에 적용됩니다!

스마트폰에 적용될 뿐만 아니라 여러분에게도, 맞아요, 여러분에게도 적용됩니다!

이들 양자우주 법칙들에 기반해서, 감각으로 이루어진 고전적인 세계관에 바탕을 두고 있는 우리의 사고방식이 구식임을 깨달을 때입니다.

고전적인 세계관은 매우 제한된 세상입니다. 상호연결성, 비국소성, 전체를 이루는 상보적 진리들, 관찰자가 가장 중요한 상황인 실재(reality), 경계의 제약들, 이런 것들이 우리가 이야기하고 있는 새로운 양자 패러다임의 모습입니다.

두 개의 세상이 있는 것이 아닙니다.

양자의 세계, 일상생활의 세계, 하나의, 오직 하나의 세상만이 있습니다. 우리는 함께 양자의 매혹적인 세상을 자세히 살필 겁니다. 그러나 여기에서는 양자의 기본 원리에만 초점을 맞춰, 실용적인 문제들과 일상생활 속으로 바로 뛰어들어갑시다.

양자과학의 가르침에 의하면, 우주에는 세 가지 자연법칙이 작용합니다.

첫 번째는 통합적인 양극성(과학 용어로는 양자역학에서의 상보성_相補性)의 법칙입니다.

이 법칙은 서로 반대인 것들이 한 쌍을 이뤄 다양성 속에 통일성을 제공한다고 말합니다.

논리적 진술은 "예 또는 아니오"보다는 "예 그리고 또는 아니오"입니다.

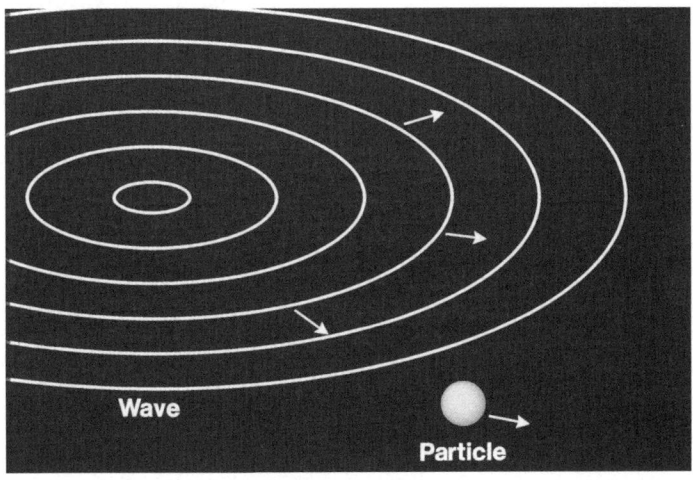

두 번째 법칙은 회귀(또는 보편성)입니다. 다시 말해 고대 전통들은 "여기서 그러한 것처럼, 다른 곳에서도 그러하다"라고 말합니다. "지상에서 그러하듯 하늘 위에서도".

세 번째 법칙은 흐름(과학 용어로는 창조적 상호작용)입니다. 모든 것은 흐릅니다. 우주의 살아있는 모든 존재, 모든 물체는 다른 뭔가와 상호작용합니다. 상호작용을 통해 우리는 인간으로 존재하고, 관계, 행복, 사랑을 경험합니다. 이건 살아있는 모든 존재들이 똑같습니다.

양자역학은 다른 놀라운 것들도 말합니다.

먼저 그리고 가장 먼저, 실재는 그것이 무얼 의미하든지 간에 양자의 파동적 본성에 기반해 있습니다.

양자역학은 우리에게 분명하고, 유일무이한 대답을 주지 않고 일어날 확률만을 제공합니다.

양자의 파동 본성 때문에 입자는 얽히고 우주의 모든 것들이 다른 모든 것과 얽힙니다. 양자 비국소성과 같이 이상하게 들리는 현상들은 얽힘이라는 이 기본적인 사실을 기억한다면, 사실 상당히 간단합니다.

양자역학은 또한 관찰이 일어나기 전까지 실재는

거기에 없다고 말합니다. 양자는 관찰되기 전까지는 어떠한 속성조차 가지고 있지 않습니다.

우리 우주는 참여적입니다.

우리는 관찰할 뿐만 아니라, "실재"라고 부르는 것에 적극적으로 참여합니다. 우리는 선택합니다. 우리에게는 질문을 하고, 실험을 디자인하고, "찾아낼" 자유가 있습니다. 그러나 양자세계가 본래 확률적이기 때문에 자연 또한 우리가 예측할 수 없는 방식으로 답을 돌려줄 자유가 있습니다.

우리는 단지 가능한 여러 결과들의 확률만을 계산할 수 있을 뿐입니다. 그래서 우리는 관찰자 입장에서의 자유와 자연 입장에서의 자유라는 상호 보완적인 상황을 갖게 됩니다. 우리는 "참 자유가 세상을 움직이고 있다"고 말할 수 있습니다!

그래서 과학계에서 현재 양자역학의 중심적인 문제는 소위 관찰자 효과라고 불리는 겁니다.

양자역학에서는 전자(電子)가 심지어 존재하지도 않는다고 말하는데, 이건 큰 미스터리 같습니다. 여러분이 전자를 관찰하기 전에는 입자로 존재하지 않습니다.

그렇다면 여러분은 다음과 같이 말할 수도 있습니다,

"그러나 우리는 불을 켭니다. 어째서, 왜 빛을 보게 되나요?"

저는 눈을 감습니다. 그리고 눈을 뜹니다. 빛은 여전히 거기에 있습니다. 그래서 우리는 습관이 하나 생긴 겁니다.

우리의 마음은 "오케이, 내가 눈을 감아도 빛은 전에 거기에 있었어. 그리고 내가 눈을 뜨면 여전히 거기에 있어. 그러니 항상 거기에 있었던 것이야"라고 말합니다. 그러나 우리는 빛이 항상 거기에 있었다는 걸 증명할 방법이 없습니다. 물론 특정 관찰자가 거기에 있지 않다면, 우리는 다른 사람들이 '관찰자로' 있다고 말할 수도 있습니다. 그럼 모든 관찰자를 제거하기 시작하면 어떻게 될까요?

결론은 우리가 앞으로 보게 되는 것대로 모든 것이 관찰자입니다. 이러한 양자역학적인 관점은 관찰자 의식(witness consciousness)을 이야기하는 불교와, 베단타의 명상 전통과 동일합니다. 이것이 양자역학입니다.

양자역학에서 관찰자는 구체적인 인간 관찰자가 아니라 자기 자신 관찰하기(observing as itself), 즉 관찰하는 프로세스(process)라고 말합니다. 그래서 오늘날 양자역학에서는 물질적인 실체란 의미에서의 진짜 나는 없다고 말합니다.

여러분은 단지 하나의 과정일 뿐입니다. 위대한 그리스 철학자 헤라클레이토스(Heraclitus)는 같은 강물에 두 번 발을 담글 수 없다고 말했습니다. 이에 대해 생각해 보십시오. 물에 발을 담그면 더 이상 같은 물이 아닙니다. 뭔가가 거기에 있지만 그와 동시에 거기에 없습니다. 이것이 양자역학입니다.

관찰이 대상을 실재 속으로 가져옵니다. 그래서 입자를 설명하는 양자역학이 실제로는 마음에 관한 이론이란 점이 재미있습니다. 오늘날 양자역학은 마음이 어떻게 실재를 드러나게 하는가에 관한 이론입니다!

"이중 슬릿 실험"이 양자역학의 대표적인 예입니다.

전자가 입자인지 파동인지를 알아내기 위해서, 과학자들은 전자 빔을 두 개의 좁은 틈을 통과해 감광판에다 쏘는 실험을 합니다. 그런데 틈 뒤쪽으로 빔이

나와 뒤에 놓인 감광판을 칠 때 기이한 일이 생깁니다.

전자가 때로는 입자와 같은 행동 패턴을 보이고 또 다른 때에는 파동의 패턴을 보입니다. 관찰자가 어떤 실험을 선택하느냐에 따라 달라집니다.

"실제로 일어난" 걸 알아내고 싶어서, 과학자들은 한 곳의 슬릿 바로 옆에다 통과하는 전자의 개수를 셀 수 있는 관찰 장치를 설치합니다. 놀랍게도, 그렇게 하면 전자는 입자로 행동할 뿐입니다.

이는 마치 전자가 우리의 관찰을 '알아차려' 자신의 상태를 바꾸는 결정을 한다는 걸 의미합니다. 어떻게 이런 현상을 설명할 수 있을까요? 그러나 그런 장치를 슬릿 어디에도 놓지 않을 때는, 파동이 관찰됩니다.

결국, 과학자들은 "관찰자의 개입이 양자적 실재를 가져온다"라고 결론 냈습니다. 이 경우 '드러난' 실재는 전자가 '입자이든지 아니면 파동이든지'입니다.

이것은 관찰자의 참여에 따른 겁니다.

우주가 참여적이기 때문에, 관찰은 항상 어떤 종류의 경계를 암시합니다. 경계는 관찰의 제약, 궁극에는 우리 자신의 마음에 의해 만들어집니다. 그렇다면 자연스런 질문이 일어납니다.

비국소적이고 얽혀 있는 양자 세계가 어떻게 고전적인, 온통 분리된, 별개의 물체들로 가득하게 보인단 말인가? 우리는 마음의 역할에 대한 답을 찾아야만 합니다. 마음은 장막을 드리워 근원적인 알아차림(underlying awareness)을 감추고 경험을 흐립니다.

아마도 이제 우리는 자연법칙을 이해하게 되면 여러 가능성의 우주를 쉽게 열 수 있다고 생각할 수 있습니다. 우리가 상상하지 못 했던 세계가 바로 거기에, 바로 우리 앞에 존재했던 겁니다. 그러나 더 나아가기 위해서는 마음의 역할을 살펴봐야 됩니다.

비록 하나의 물리학 이론이기는 하지만, 양자역학은 근본적인 실재로서의 마음이라는 우주를 실제로 열었습니다.

괴이한 방식이긴 하지만, 양자역학은 궁극적으로 마음의 본성에 관한 겁니다!

그래서 심리학자, 인지 과학자, 정신 전문가 모두는 영자역학을 반드시 공부해야 됩니다! 그러나 정반대로 양자물리학자들은 심리학과 인지과학을 반드시 공부해야만 됩니다!

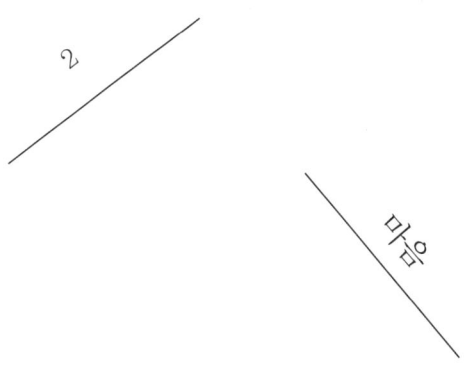

2

마음

저는 양자의 보이지 않는 세계와 일상적 경험의 보이는 세계 사이에 간극이 없다고 굳게 믿습니다.

물리학과 심리학 사이엔 어떤 차이점도 없으며, 물리학과 생물학 사이에도 차이점은 없으며, 과학과 영성 간에 어떤 절벽이나 경계선도 없다고 믿습니다. 실제로 현대 물리학도 그렇게 말합니다. 그러나 많은 물리학자들과 과학자들은 이를 믿지 않습니다.

저는 많은 사람들이 이를 믿지 않는다고 믿지만 또한 많은 사람들이 이를 사실로 받아들인다고 믿습니다. 사람들은, 특히 지식인들과 교수들은 자신들의 마음 속에 갇혀 있습니다. 그들은 자신들만이 진리를 안다고 믿고 있습니다.

유일하게 존재하는 간극 또는 차이점은 마음이 만든 겁니다. 마음은 위대한 도구이며 또한 위대한 덫입니다.

마음은 거미줄과 같습니다. 차이가 있다면 거미는 자신의 거미줄에 걸리지 않습니다. 맞지요?

거미는 거미줄로 파리를 잡습니다. 그러나 인간의 마음은 우리 인간을 잡습니다.

우리는 자기 마음에 걸립니다. 우리는 우리 주위에 생각이라는 거미줄을 만들고는 그 거미줄에 걸립니다. 그리고 나서 "오, 나의 신이시여", 아니면 "오, 위대한 붓다여, 오, 위대한 예수여, 저를 도와주소서"라고 외칩니다. 그러나 우린 우리의 마음에 걸린 겁니다!

자, 오늘 우린 여기에서 마음에 대해 조금 더 탐구하겠습니다. 페이지를 더 내려가면 실제 응용 사례들이 제시됩니다. 이건 아주 중요합니다.

우리는 양자역학에 대해 이야기합니다.

우리는 어떤 방정식도 쓰지 않을 겁니다. 그러나 마음의 역할과 양자역학이 말하는 것을 탐구합니다. 그리고 여러분은 강의와 실천 속에서, 숭고한 관점인 고대 가르침들과 현대 과학이 그렇게 다르지 않다는 것, 그들의 관점이 거의 같다는 걸 알게 될 겁니다.

그런데 마음이란 뭔가요?

현대 신경과학은, 마음을 받아들인다고 한다면, 뇌 속 신경세포들 속에서 일어나는 어떤 물리적 과정의 산물이라고 말합니다. 반면에, 우리가 뇌를 조사해보면, 거기에는 어떠한 "마음의 자리"도 없습니다. 기껏해야, 특정 경험이 일어날 때 경험이 일어난 다음 뇌 영상 속 특정 부분에 불이 들어오는 걸 알아냅니다.

이런 것들을 경험과 관련된 물리적 상관관계라고 부릅니다. 비록 경험은 그 위치도 알 수 없고 심지어 대상으로 조사할 수조차 없지만 말이지요. 경험의 질을 특질(qualia)이라고 부릅니다. 빨간 색의 경험, 생각, 시간 경험은 모두 특질입니다.

이제 저와 함께 해주십시오.

인간의 마음이 우주 마음의 일부, 즉 자기 밖으로 경험을 투영하고 그런 투영된 경험을 "외부 대상"(색, 냄새, 시간, 공간, 등)으로 여기는 우주의 알아차림(cosmic Awareness)의 일부라고 한다면, 특질이 우주의 기본 구성 요소입니다. 입자, 원자, 물리적 대상이 기본 구성 요소가 아닙니다. 이 발상은 실제로 양자역학과 일치합니다.

이것은 자연의 제3법칙의 표현입니다.

'모든 건' 우주의 마음 속 경험일 뿐입니다!

과학자들은 마음의 본질에 대해서 논쟁을 계속할 수도 있겠지만 여러분과 저는 우리가 마음을 갖고 있다는 걸 알고 있습니다. 맞지요?

더욱이 우리는 우리의 마음이 어떠한 것으로도 묶이지 않았다는 걸 압니다. 마음은 우주에서 가장 먼 지역으로 날아갈 수도 있습니다. 아니면 전혀 움직이지 않고 바로 여기에 존재할 수도 있습니다.

우리가 마음에 대해서 알기를 원한다면, 우리는 또한 시간에 대해서도 알아야만 합니다. 마음과 시간은 매우 밀접한 관계를 갖고 있습니다. 그렇지 않나요?

ⓒCBS세바시팀 제공

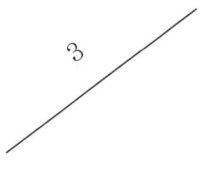

3

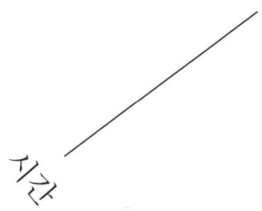

시간

　우리 모두는 시간에 사로잡힌 것처럼 보이는데 이건 인간 실존의 문제입니다. 우리는 인간 존재로 태어나, 삶을 살고 그러고 나서 저세상으로 가는 것처럼 보입니다. 우리는 그렇게 믿습니다.

　시작, 중간, 그리고 끝. 그렇다면 어디에 시간이 있나요? 무한한 과거에서 무한한 미래로 움직이며 변화를 쫓아가는 화살인가요? 그러나 오늘날 양자역학은 직선적인 시간과 같은 것은 없다고 실제로 말합니다. 시간이란 것이 존재한다면, 그건 순환적이고 반복적입니다.

　순환에 순환을 더한 시간. 이 순환은 시작도 끝도 없습니다.

여러분은 이것이 자연의 두 번째 법칙, 즉 이러한 시간 순환이 모든 차원에 적용된다라는 법칙과 일치하지만, 어떠한 보편적인 "시간의 화살"도 없다는 걸 즉각 알게 됩니다. 이것은 이미 아인슈타인의 상대성 이론으로 알려져 있습니다. 시간 (그리고 공간)은 관찰자에 의존합니다.

그래서 고대 그리스에는 두 가지로 시간을 구별했습니다.

하나는 Chronos라고 부르는데 외부적인 사건을 추적합니다. 여러 관찰자들이 동의하는 시간의 흐름입니다.

다른 하나는 Kairos라 부르는데 주관적인 시간으로 우리의 경험을 추적합니다. 여러분은 Chronos와 Kairos가 상보적 진리(첫 번째 법칙)이며 모든 차원에 적용된다(두 번째 법칙)는 걸 알게 됩니다.

이 둘은 "보편적으로 받아들여지는 시간의 경과", 즉 사건의 묘사를 추적하거나, 시간의 내적 특질, 즉 주관적 경험을 추적하면서 셀 수 없이 많은 상호작용(세 번째 법칙)과 관련됩니다.

고대 그리스인들은 시간의 시작과 끝을 알파와 오메가로 불렀습니다. 알파는 그리스 알파벳의 첫 글자이고 오메가는 마지막 글자입니다. 제 자신의 정교회 전통에서는 예수를 알파와 오메가로, 즉 시작과 끝, 다시 말해 우주 존재로 부릅니다.

몇 분의 위대한 존재들은 실제로 같은 걸 말했습니다. 부처님은 시간의 의미를 이해했습니다. 그래서 시작이 있기 전에 끝이 있었고, 또 그 끝 이전에 다른… 그리고 지금의 이 끝 뒤에, 새로운 시작이 있을 것이라고 말했습니다.

힌두 우주론에서는 시간의 순환이 영원히 계속됩니다. 사실 우주 자체가 어떤 시점에 이르러 끝나게 됩니다. 위대한 공 속으로 사라집니다. 이로부터 새로운 순환을 시작하기 위해 다음 시작이 나타납니다. 오늘날의 우주론에서 많은 우주론자들은 우주가 계속 이어지고 또 이어진다고 믿습니다. 불교나 베단타가 말하는 것과 거의 같습니다.

존재하는 시간이란 현재뿐입니다.

과거는 특정한 경험들 중에서 어떤 기억이 알아차림 속으로 들어오는 겁니다. (그리고 근원적 알아차림 속에 존재하며, 항상 이미지, 생각 등의 회상과 같은 경험으로 인간의 마음에 다운로드 됩니다). 미래는 아직 일어나지 않았습니다. 심지어 고전적인 이론에서도 말이지요.

기껏해야, 우리는 과거(또다시 하나의 경험)에 기반해서 미래를 예상합니다. 현재만이, 영원한 *지금*만이 존재합니다. 우리가 이 지금에 어떻게 접근할지를 앞으로 보게 될 겁니다.

그러나 이런 질문이 일어납니다.

왜 우리 인간들은 모든 것에 시작이 있고 끝이 있다고 믿는 것인가?

왜 우리는 실제로 존재하지 않는 과거나 미래에 살며, 현재에 살지 못하는가?

우리의 인간 육체가 태어나고 결국에는 죽는다는 것과 분명히 관련이 있습니다. 그러나 육체가 태어나고 죽는 것이 시간의 진화이거나 단지 근원적 알아차림(Awareness) 속에서의 일련의 프로세스일 뿐인가요?

이것은 모든 인간들이 직면하는 기본적 이슈, 다시 말해 우리 육체의 죽음에 관한 문제입니다.

우리는 이에 대해 이야기하지 않을 수도 있지만 사실 그건 양탄자 밑으로 숨기는 겁니다. 그러나 육체의 죽음과 관련된 이슈는 우리 생 전체의 경험과 심리학적 불확실성을 형성한다는 진실은 여전히 없어지지 않고 남습니다.

아닌가요? 반면에, 양자역학과 상대성 이론에서는 이러한 선형적인 시간은 실제로 존재하지 않습니다.

심지어 뒤로 갈 수도 있습니다. 정말 이상하지요?

일상생활에서 우리가 꿈을 꿀 때, 시간과 공간은 와해됩니다. 그렇지 않나요? 우리의 몸이 흩어질 운명이라면 이 특정 실재가 뭐가 그렇게 위대하단 말인가요? 그러나 모든 전통의 위대한 가르침들은 유한한 시간의 속성을 지닌 겉모습 너머로 가라고 말합니다. 그래서 저는 오늘날 과학과 고대 가르침들이 바로 이 똑같은 지점으로 수렴되며, 시간은 마음 속에 있다는 데 같은 의견을 갖는다고 말하겠습니다.

여러분은 아마도, "말하기는 쉽지만 매일 아침 나를 쳐다보지만 경험으로 봤을 때 절대 젊어지지 않는 건 뭡니까?"라고 물을지도 모릅니다.

여러분은 매일 아침 거울에 비친 자신의 모습을 보지 않나요? 같은 얼굴인가요, 다른 얼굴인가요?

사실, 7살 이후로, 여러분 몸의 모든 세포 하나하나가 태어나고 죽는다는 걸 아시나요? 사실 여러분 몸 속의 세포들은 전에 거기에 없었다는 걸 아시나요?(한평생 사는 신경세포는 제외). 그런데 어떻게 이 시간의 흐름이 환상이라고 말할 수 있을까요?

시간에 대한 의문을 고민하니 우리는 다음 지점으로 가게 됩니다. 삶에 대한 단 하나의 그리고 유일한 원초적 질문, 즉 "나는 누구인가?"로 말이지요.

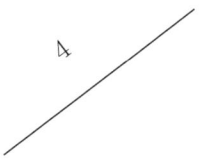

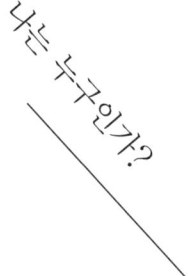

이 모든 것들이 심오한 사안이며 깊이 있는 질문입니다, 그렇지요? 그러나 결국에 진정으로 문제가 되는 것은 궁극적이며 가장 원초적인 질문, 즉 다름 아닌 "나는 누구인가?"를 묻는 것입니다.

나는 언젠가 죽게 되어 있는 몸에 불과한가? 아니면 그 이상의 어떤 존재인가?

자, 저는 확실히 인간 육체로 되어 있습니다. 그리고 확실히 마음도 갖고 있습니다. 그리고 저는 공간 안에서 살고 있는 것처럼 보이며 시간을 경험합니다. 그러나 이게 저의 전부인가요?

소위 몸이라는 것은 대략 100조 개의 세포로 이뤄져 있습니다.

우리 몸 속 이들 세포들의 다수는 심지어 인간 세포도 아닙니다.

이들은 박테리아입니다. 즉, 외계 세포입니다.

인간 세포의 10배입니다. 다시 말해, 외계 세포 대 인간 세포의 비율이 10대 1이라는 뜻입니다. 그래서 이 몸은 외계 세포 군락지라 말할 수도 있습니다. 외계 세포 행성입니다. 100조 세포의 고향입니다.

이 사실이 우리를 괴롭히나요? 우리가 찾고 있는 외계인들이 바로 우리 안에, 우리의 내장 안에, 우리의 장기 안에, 곳곳에 있습니다. 우리 몸은 박테리아, 바이러스, 포자로 이루어진 100조 세포의 외계 행성입니다.

반면에, 이들 세포 모두는 조화롭게 함께 작동합니다. 그리고 이들은 우리에게, 어떤 식으로든, 특별한 한 인간 존재라는 느낌을 줍니다.

이들 세포들이 함께 작동하지 않는다면, 단지 약간 어그러져서 함께 작동하지 않는다면, 우리는 죽게 됩니다.

이들은 완벽하게 균형을 이루고 있습니다.

이들은 함께 삽니다. 그래서 큰 교훈을 줍니다.

인간의 몸은 인류에게 큰 교훈입니다. 우리가 꾸미고 돌보는 우리의 소중한 몸은, 여러분이 알다시피 단지 세포들의 군락지에 불과합니다. 웃지 않고는 못 배길 만큼 정말이지 우스꽝스러운 겁니다. 그런 우스운 상황입니다. 그래서 우리가 성공하려 하고, 아름답게 보이려 하고, 그리고 그와 비슷한 것들을 하려 노력하지만, 결국 우리는 세포 군락지에 불과합니다.

 몸이 항상 같은 것은 왜 그러한가요?

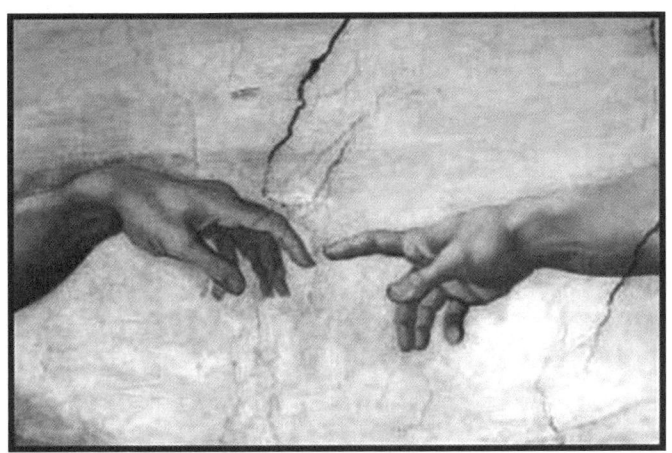

매일 아침 거울을 볼 때, 여러분은 100조 개의 세포가 함께 작동하는 걸 보지 못합니다. 여러분 몸이 실제로 그러함에도 불구하고 말이지요. 여러분은 얼굴을, 같은 눈을, 머리카락을 봅니다. 이 모두는 익숙한 "당신"의 형체를 이루고 있습니다. 이것은 *여러분 자신의 존재를 알아차리는* 겁니다. 그리고 이것이 영적 길의 메시지입니다.

이 알아차림은 세 가지 측면을 갖는데, 여러분(주체), 그것(대상, 실제로 자기-알아차림 속에서는 여러분일 수도 있습니다), 그리고 "나는 그것이다(I Am That)"라고 표현될 수 있는 가장 근본적인 둘 사이의 관계입니다. 이것은 삼위일체입니다.

사실, 숫자 3은 자연계 어디에든지 나타납니다. 예를 들면, 세 가지 근본적 법칙, 주체-객체 식별, 제 자신의 정교회 전통에서는 성 삼위일체, 즉 성부, 성자, 성령, 힌두 신들에서는 브라마(창조자), 비슈누(유지자), 시바(사라지게 하는 이)가 있습니다. 또한 의지, 지식, 행동이라는 근원적 알아차림의 세 가지 보편적 파워가 있습니다. 행동하기 위해서는 지식과 의지가 필요하고, 지식은 (알려는) 의지가 필요합니다.

우주에 있는 모든 것은 창조되고, 유지되고, 궁극에는 사라집니다. 이를 세 가지 우주 작용이라고 합니다. 우리는 이 작용을 생각에서, 생명 프로세스에서, 세포 속에서, 행성들과 별들 속에서, 모든 곳에서 봅니다.

두 가지 또 다른 '우주' 작용도 있습니다. 하나는 모든 것의 참 본성을 숨기는 것입니다. 그리고 결국, 드러냄, 참 본성을 깨닫는 겁니다.

그렇지만 '우주 작용보다는' 근원적 알아차림(Awareness)의 본질적 속성에 집중합시다.

첫 번째로 그리고 가장 먼저, 이것은 존재 또는 있음입니다. 존재 이전에는 더 많은 존재가 있었습니다. 여러분은 존재에서 존재를 없앨 수 없습니다.

두 번째는 '자기, 다른 이, 대상'을 의식하는(conscious) 능력입니다.

세 번째는 그 자체 속에서 완전함입니다. 근원적 알아차림은 진정으로 완전합니다. 다른 어떤 것도 필요로 하지 않습니다. 이것은 모든 존재의 토대입니다. 그리고 그 완전함을 여러분은 지복(至福, bliss), 자족이라고 부를 수도 있습니다.

산스크리트에서 근원적 알아차림의 삼위일체를 Sat-Chit-Ananda, 즉 존재-의식-지복이라고 부릅니다.

어떻게 인식의 삼위일체에 도달하나요?
거기에 도달할 필요는 없습니다.
항상 거기에 있습니다!
영적 전통들은 모두 기본적으로 같은 메시지를 줍니다. 즉, 해탈 또는 니르바나 또는 자기 자신의 원초적 존재와의 합일은 "나는 누구인가?"라는 질문을 곰곰이 생각하는 것으로 시작된다는 겁니다.

저는, 어렸을 때 제가 태어난 크레타에서 우리 은하와 셀 수 없이 많은 별들이 떠 있는 밤하늘을 바라보고 있었을 때 특히나 생생한 느낌, "나는 별에서 왔다"라는 느낌을 받았습니다. 수백 광년이 걸리는 광대한 공간을 넘나드는 존재라는 느낌.

그러나 우리가 밤하늘의 별을 지켜보거나 바다 파도에 귀를 기울이거나 자연의 아름다움을 접할 때의 이 원초적 느낌은 우리가 나이가 들면서 사라져 버리는 것 같습니다. 이것이 인간의 운명일까요?

우리는 그럴 수는 없다는 걸 내면 깊은 곳에서 직관적으로 압니다. 그러나 사회는 우리에게 달리 말합니다. 삶이 너무 바빠서 우리는 경이로움을 잃습니다. 그리고 나서 우리는 "어른"이 되어 죽는 날까지 대부분 기계적으로 같은 일을 거푸거푸 반복합니다.

자신에 대한 우리의 느낌으로 돌아가기 위해서, 우리는 위대한 철학자 소크라테스가 한 말에 귀 기울입니다.
"내가 아는 한 가지는 내가 아무것도 모른다는 것이다."
우리는 우리가 안다고 생각하지만 정말로 알까요?
소크라테스는 우리가 "나는 누구인가?"에 어떤 답도 가지고 있지 않을 때에는, 우리 마음에 한계가 있다는 고백에서 출발해야 된다고 가르쳤습니다. 이어서 그는 질문을 하고 제자들과 함께 토론을 하는데, 이런 그의 방법을 통해 새로운 실재가 드러나게 됩니다. 이렇게 해서 지식은 활기를 띠고, 확장되고, 심지어 바뀌기까지 합니다.
다른 위대한 철학자 헤라클레이토스는 "모든 것은 흘러간다. 어느 것도 정지해 있지 않다"라고 가르쳤습니다.

물론 이것은 부처님의 가르침, 도의 방식, 불이일원론(不二一元論, Advaita) 베단타와 카슈미르의 시바파(Shaivism)에서 발견되는 위대한 인도 현자들의 가르침과 같으며 양자역학과 완전히 일치합니다.

다시 말해, 프로세스, 흐름이 진짜입니다.

양자약학에 있어서 너무나도 핵심적인 관찰자는 물론 우리 안에 있습니다. 우리는 시간의 순환을 관찰합니다. 인간 육체의 순환, 여기 있는 이 몸의 순환은 대략 50, 60, 70, 80년쯤입니다. 지구의 순환은 현재 45억 년입니다. 현 우주의 순환은 1350억 년입니다. 생명은 9억 년 전에 급속하게 진화하기 시작했습니다.

시간의 여러 순환과 더불어, 존재의 여러 차원들을 보게 됩니다. 모든 차원에 지혜가 있습니다.

지구의 지혜가 있고 태양의 지혜가 있고 인간 몸의 지혜가 있으며 동물의, 식물의 지혜가 있습니다. 그리고 모든 것은 함께 작용합니다.(물론 이것은 경쟁 상태에 있음을 의미할 수도 있습니다!) 그리고 그 모든 것을 우리는 우주라고 부릅니다. 그러나 이 우주는 의지력을 발휘하는, 이해하는, 행동하는 원초적인 능력에 의해 함께 유지됩니다. 모든 것은 태어나고, 유지되고, 근본 존재(Being) 속으로 다시 흡수됩니다.

시간의 순환이 있고 실존(existence)의 다양한 차원이 있습니다. 그러나 항상 거기에 있는 것은 존재, 실존입니다. 실존은 항상 변하고 있습니다.

양자이론에서는 이걸 통합적인 양극성(integrated polarity)이라고 부릅니다. 반대되는 것들이 전체를 이룬다는 뜻입니다. 존재는 움직임이 없는 게 아니라 반대되는 것들로 이뤄져 있습니다. 존재는 프로세스입니다. 항상 흐르고 있습니다.

시간, 의식적인 알아차림 또는 마음은 모두 서로 연관된 것이며 상호 연결되어 있습니다! 이것은 또 다른 삼위일체입니다. 마음의 미스터리는 시간의 미스터리와 관련이 있으며 여러분 자신을 아는 것과도 관련이 있습니다. 여러분은 이를 배제할 수 없습니다.

우리가 대학에서 가르치고 있는 지혜는 제한된 지혜입니다. 거미줄입니다. 아름다운 거미줄이기는 하지만 거미줄입니다. 이것은 마음의 거미줄입니다. 이 거미줄은 우리에게서 우리의 참 본성을 가립니다. 일종의 마음에 낀 구름입니다.

베단타, 불교, 도교의 명상 전통, 유교의 가르침, 신비주의 기독교에서는 이것을 흔히 제한된 지식, 무지의 베일, 환상이라고 부릅니다. 지식(제한된 지혜)가 있고 지혜(더 높은 지혜)가 있으며 낮은 지혜를 제거하기 위해서는 더 높은 지혜가 필요합니다. 그러나 소크라테스가 이해한 것처럼 우리가 진정 아무것도 모른다라는 걸 시인하지 않으면 더 높은 지혜가 우리 삶에서 뿌리내릴 수 없습니다.

높은 지혜는 베일 뒤에 있는 존재입니다. 이것은 우리 자신의 존재를 알아차리는 겁니다. 그때 환상의 베일은 벗겨집니다.

사실 더 높은 지혜는 항상 거기에 있습니다. 단지 우리가 계속 잊고 있던 겁니다. 그래서 깨달음이란 어디 먼 곳에 가서 니르바나(열반)에 이르는 것이 아닙니다.

깨달음은 우리가 진정 누구인가를 잊지 않는 겁니다!

그래서 실재는 사실 보기보다 훨씬 단순합니다.

양자역학에서 우리는 이것을 베일이라고 부릅니다.

양자 실재를 가리고, 분리된 대상들로 이뤄진 감각 세계의 모습을 제공하는 베일 말입니다.

제가 베일을 쓰면, 베일은 제 얼굴을 가립니다.

한국에 옛 연극에서는 사람들이 탈을 썼습니다.

고대 그리스에서도 그랬습니다. 그래서 배우는 다양한 역할을 할 수 있었습니다. 배우로서 여러분은 탈을 바꿔가며 왕, 전사, 예쁜 여인이 됩니다. 그러나 탈 안에는 같은 사람, 같은 배우가 있습니다. 우리는 다른 역할을 하고 있습니다. 우리는 자신의 역할 속에 사로잡혀 그 탈을 믿고 있습니다. 그러나 각각의 탈 안에는 제약이 없는 똑같은 근원적 알아차림, 즉 존재, 의식, 지복의 삼위일체가 있습니다. 그리고 이 근원적 알아차림이 "나는 누구인가?"에 대한 해답입니다. 그것이 나입니다. 그것이 여러분입니다. 이에 대한 경험이 일상입니다. 그런데 우리는 이 근원적 알아차림을 눈여겨보지 않습니다!

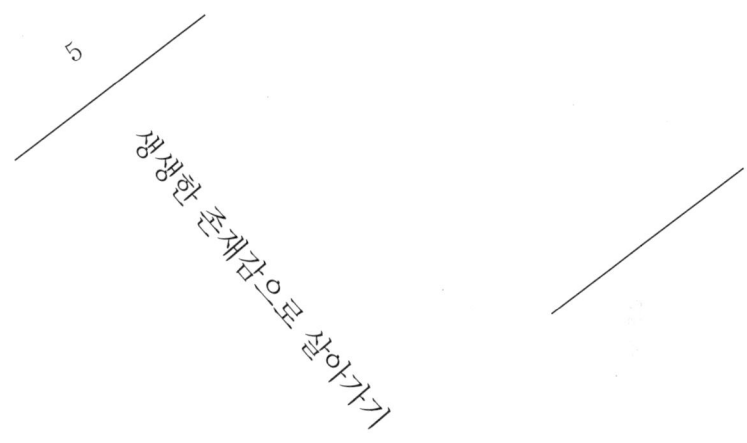

5 생생한 존재감으로 살아가기

자 이제 우리는 이러한 과학 지식과 철학 지식을, 일상생활을 위한 실용적 지식으로 변화시킬 수 있는 기초적인 요소들을 갖게 되었습니다.

생생한 존재감으로 살아가기는 정확하게 바로 그것입니다. 생생한 존재감은 양자역학이 밝혔고, 영적이며 명상적인 수행과 일치되는 실재입니다. 존재감(Presence)은 근본적인 존재(Being)입니다. 항상 존재하는, 영원한 지금입니다. 그러나 이것은 활력이 없는 게 아니라, 완전히 생생합니다.

사실 우리 모두 안에 또렷이 깨어있는 근원적 알아차림(conscious Awareness)입니다.

이 삼위일체 시스템, 생생한 존재감으로 살아가기의 마지막 부분은 살아가기입니다. 이 살아가기 부분은 우리 삶 속에 생생한 존재감을 알아차리고 있습니다. "어디에서요?" 호흡과 호흡 사이, 생각과 생각 사이에서요. 사이 간극에서 시간은 멈추고 삶은 계속됩니다.(호흡이 없으면 생명은 멈춥니다. 생각과 생각 사이가 없으면, 어떠한 근원적 알아차림도 없습니다.)

 과학과 영성은 만나고 있습니다.

 과학과 영성 모두 통합을 추구합니다.

 과학은 바깥세상을 탐구하는 것으로, 영성은 내면의 세계를 탐구하는 것으로, 통합을 추구합니다.

 양자역학은 마음의 주된 역할에 도달하는 문을 열었습니다.

 우리는 어떻게 통합적인, 참여적 우주가 아래 표현과 같은 자연스런 결과를 낳게 되는지를 다룰 겁니다. 근본의식(Consciousness)이 근원적인 실재 전부입니다.

 의식 없이는 아무것도 존재하지 않습니다. 그런데 의식은 공간 또는 시간 경계의 대상이 아닙니다. 순수 의식의 필드는 존재하며, 일상생활 속 우리의 경험을 통해 드러납니다. 이 보편적 필드는 살아있는 힘, 살아있는 의식으로 가득합니다. 그리고 항상 존재하고 있습니다.

이것이 제가 생생한 존재감이라 부르는 겁니다. 또한 이것은 우리가 항상 경험하는, 우리 자신 개개의 삶임에 틀림없습니다. 우리의 일상생활을 포함하고 있는 생생한 존재감은 일상생활과 분리되어 있지 않습니다.

우리가 생생한 존재감으로 의식적으로 산다면, 우리의 삶은 영원한 행복이 있는 바로 그곳이 됩니다.

이 지복의 존재는 초월적 영역 속 어디 먼 곳에 있는 것이 아닙니다.

바로 지금, 바로 여기에 있습니다.

생생한 존재감으로 살아가기 체계 속에서 우리는 현대 양자역학의 발견들이 어떻게 실제로 우리 자신의 일상생활과 밀접한 관계를 맺는가를 탐구합니다. 이미 있는 걸 새롭게 바라보는 이러한 시각은 심오하기는 하나, 평범한 겁니다.

이제 여러분은 이 체계의 기초를 가지게 되었습니다. 이 책 끝에는 생생한 존재감으로 살아가기 요약이 있습니다. 요약되어 있는 것을 깊이 생각해 보십시오. 여러분 삶의 일부로 만드세요. 우리 서로 동무가 되어 살아가기를 탐구합시다.

여러분이 이 체계가 어떻게 돌아가는지를 볼 수 있도록 몇 가지 실용적인 예를 들겠습니다.

이 예들은 우리가 살아가기를 시작함에 따라 보게 되는 수많은 실재 중 대표적인 사례일 뿐입니다. 여러분은 자신만의 목록을 만들어 살아가기 게임에 참여할 수 있습니다.

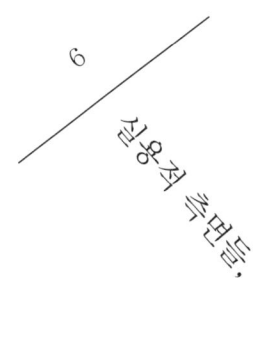

6 / 실용적 측면들, 한국 민속 예술과 우주 법칙들

저는 예술작품을 음미합니다. 저는 항상 민화의 예술적 창의성에 감탄합니다. 제 자신이 화가이며 최근 저의 작품들이 민화에 의해 영향을 받았기 때문에, 저는 한국 민속 예술의 가치를 높게 평가합니다.

양자 물리학자이며 예술가로서 저는 어떻게 양자역학의 현대 과학 원리가 예술에 적용되는지를 봅니다. 과학과 일상 세계로 나뉘는 두 세계가 있는 것이 아니라 하나의 세계, 즉 양자 세계만이 있습니다. 과학과 예술은 반대가 아닙니다.

이 둘은 서로를 보충해주는 인간 활동입니다. 이들은 창조적 활동입니다.

앞에서 보았던 것처럼, 과학의 가르침에 따르면 우주에는 세 가지 자연 법칙이 작동합니다.

세 가지 법칙이란 통합적인 양극성의 법칙(양자약학에서는 상보성)으로 다양성 속에 통일성을 제공합니다. 두 번째 법칙은 회귀(또는 보편성)입니다.

고대 전통은 "여기서 그러한 대로 다른 곳에서도 그러하다"라고 말합니다.

"지상에서 그러하듯 하늘 위에서도"라고도 합니다.

세 번째 법칙은 흐름(과학적 용어로는 창조적 상호작용)입니다. 모든 것은 흐릅니다. 모든 살아있는 존재, 우주의 모든 대상들은 다른 어떤 것과 상호작용합니다.

이 세 가지 과학 법칙은 민화의 세 가지 원리, 즉 균형/조화, 자유, 행복과 꽤 정확하게 일치합니다.

세 가지 과학 법칙과 민화의 세 가지 원리 간의 1 대 1 상응 말고도, 과학자들이 밝혀낸 여러 우주 법칙들이 민화 속에 그대로 나타납니다.

민화에는 역원근법이라는 기법이 널리 쓰입니다. 이 기법은 눈을 속이는 환상을 만듭니다.

세상은 환상이며 감각들은 진짜 존재하는 것에 대해서 우리를 속인다고 양자역학은 말합니다. '민화의 역원근법에 의한' 공간 속 반전은 양자 세계가 허락하는 시간의 반전과 비슷합니다.

민화에서는 물론 궁중회화에도 언제나 용이 들어있는데 용 안에 생생하게 표현되어 있는 과학 법칙을 살펴봅시다.

용의 흐름, 물결 모양은 관찰자에게는 명백합니다. 게다가 회귀적 패턴으로서, 용 안에 물결치는 패턴은 하나의 흐름으로 존재합니다. 반면에 용 주변의 물체들은 양자 시스템에서 구체적 측면인 입자와 동일합니다.

최용순 화백

용들 속에 추상적인 파도 모양 패턴은 양자 패턴과 가장 가깝습니다. 어떤 그림들은 옛날 도박 주사위를 보여줍니다. 주사위는 민화 속에서 확률과 기회를 나타냅니다.

양자 세계의 확률적 성격은 본질적 특색입니다. 흐름 패턴은 다른 민화 동물에도 나타납니다.

신비스런 한국의 새, 불사조는 대나무 열매를 먹고 미네랄 워터를 마십니다. 그 외에 학, 거북이, 기린, 사슴도 있습니다.

에너지 창조가 양자 흐름 패턴 속에 나타나는 것처럼, 거북이는 에너지를 창조합니다.

민화는 해시계를 보여주는데 해시계는 물리학에서 시간을 의미합니다. 여러 가지 아름다운 가구나 책꽂이는 민화 속에서 경계의 얽히고설킨 패턴을 보여줍니다. 그러나 궁중회화에서는 경계가 덜 나타납니다. 양자역학이 보여주는 것처럼, 경계는 우리 마음으로 인한 관찰 제약 때문에 만들어집니다.

우리는 근원적 알아차림의 필드가 존재한다는 걸 알고 있으며 이것이 우리 자신의 경험을 통해 일상생활 속에 드러난다는 걸 압니다. 이를 민화에서 분명하게 볼 수 있습니다.

양자역학은 우리가 참여적 우주 속에 살고 있다고 말합니다. 그리고 민화는 다른 관찰자에게는 다른 측면을 보여준다는 점에서 똑같은 걸 말합니다.

민화와 궁중회화 속의 아름다운 패턴들을 보게 되면, 관찰자인 우리는 민화가 자유로운 그만큼 자유롭다고 느끼게 됩니다.

선택의 자유는 민화의 필수요소입니다.

7

지구 그리고 여러분

지구는 우리의 고향입니다. 우리 인류는 진화에 있어 중요한 단계에 와 있습니다.

호모 사피엔스 사피엔스는 10만 년 동안 지구에 있었습니다. 우리 선조 종들을 포함한다면 몇백만 년 동안 있었습니다. 지구와 지구의 생명체가 존재해왔던 기간은 수십억 년으로 늘어나기 때문에, 이 시간은 눈 깜박하는 동안에 불과합니다.

과거 몇 년 동안 기술과 과학의 진전, 인권 의식, 경제 시스템들의 지구화, 그리고 우리의 공동 고향으로서의 지구에 대한 의식의 전례 없는 성장을 목격했습니다.

이와 더불어, 우리는 중대한 생태계적 도전, 기근과 가난, 수많은 종들의 멸종, 사회적 갈등, 인간 가치의 붕괴, 전쟁 증가, 심지어 핵폭탄으로 인한 인류 멸망의 위협을 목격하고 있습니다.

우리는 갈림길에 서 있으며 지구의 시민으로서 선택을 해야 된다는 걸 깨달아야 할 때입니다. 지구의 진정한 시민이자 거주자로서 우리가 지구 환경에 대해 올바른 개입을 실천한다는 건 어떤 의미인지를 깊이 고민해야 됩니다.

모든 생명이 신성하다는 의식을 지니고, 다시 말해 더 고매한 영적 목표인 지구상의 모든 인류에 대한 형제자매 의식을 가지고 앞으로 나아가든지, 아니면 아마도 우리 자신의 멸망으로 끝나게 될 때까지, 끊임없는 에고의 증가로 이어지는 지금과 같은 길을 계속 갈 것인지를 선택해야 됩니다.

의식하는 우주라는 관점에서, 이 선택의 자유는 우리에게 있습니다. 우리가 지구 상의 모든 생명의 단일성을 깨닫고 우리 삶의 장소이자 우리의 환경인 지구의 관리인으로의 우리의 책임을 깨닫는다면, 나뉘거나 쪼개지지 않는 근원적 알아차림 속에서, 우리는 우리 행성의 목적과 인간 삶의 목적을 성취하게 될 겁니다.

Coal-based power plants cause haze over the Indo-Gangetic Basin (NASA MODIS Image)

8 / 시간과 내 마음 관리법

나를 미치게 만드는 내 마음을 어떻게 멈추나?

현대 양자역학에서는 마음이 우주의 근본적 실재라고 말합니다. 고대 지혜 가르침들도 또한 마음이 우리 자신의 세계를 형성하는 근본이라는 견해를 갖고 있습니다.

우리는 항상 시간이 부족하다고 말합니다. 맞지요?

서울에서는 모두가 뛰어다니는 걸 쉽게 볼 수 있습니다. 왜 사람들이 뛰어다니는지 아십니까?

시간이 사람들을 쫓거나 하는 것처럼 보입니다.

그런데 제가 그 사람들의 뒤를 보면, 거기에는 시간이 없습니다. 이들은 자기 자신을 뒤쫓고 있는 겁니다. 그러고는 갑자기 시간이 부족합니다.

여러분이 시간 속에 산다면, 원하든 원치 않든, 어느 날 시간이 모자랍니다. 시간이 없습니다. 아마도 우리는 부처님, 도교의 위대한 가르침과, 베단타와 시바주의의 가르침이 우리에게 전하는 말씀에 귀를 기울여야만 한다고 생각합니다. 다시 말해, 속도를 줄이십시오. 여러분 자신의 존재를 알아차리십시오.

우리는 이 알아차림을 진짜 명상이라고 부를 수 있습니다.

여러분의 마음이 여러분을 미치게 만드는 걸 원치 않는다면, 속도를 줄이세요. 너무 늦기 전에 속도를 줄이세요. 여러분이 어쩔 수 없이 멈추게 되기 전에 속도를 줄이세요!

일상생활이라는 외적 실재와 균형을 이루는 우리 자신의 실재를 이해하기 위해서 과학과 고대 시스템 양쪽 모두에서의 발견들을 탐구할 수 있습니다.

과학과 고대 지혜의 발견들은 개인 생활, 가정 생활, 사회 생활에 성취감을 느끼게 해주는 실용적인 것입니다. 이런 보편적 진리들은 우리 일상생활에 적용되어, 우리 가까이서 실용적이며 우리 삶의 매 순간마다 강력한 도구가 될 수 있습니다.

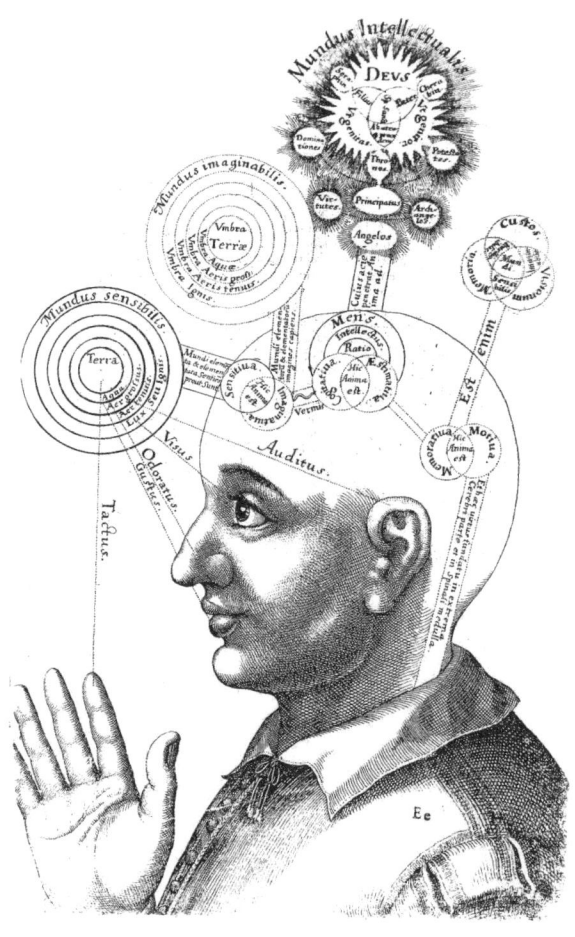

Reference: https://en.wikipedia.org/wiki/Consciousness

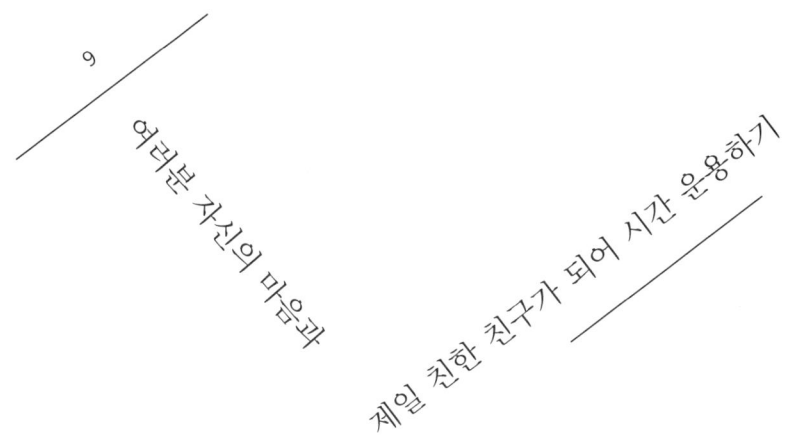

9. 여러분 자신의 마음과 제일 친한 친구가 되어 시간 운용하기

현대 양자이론은 우주라는 실재에서는 마음이 근본이라고 말합니다.

고대 지혜 가르침들도 마음이 우리 자신의 세계를 형성하는 근본이라는 견해를 갖고 있습니다. 그러나 그런 마음을 이해 못 하여 우리는 마음을 우리의 친구가 아닌 적으로 만듭니다.

생생한 존재감으로 살아가기에서 우리는 마음이 만드는 우리 자신의 실재를 이해하기 위해서 과학과 고대 시스템 양쪽에서의 발견들을 조사하고 깊이 생각해 볼 수 있습니다.

우리는 몸과 마찬가지로 마음도 개발될 수 있으며 강하게 만들 수 있는 강력한 도구라는 걸 이해합니다. 특히나 우리의 마음은 우리를 지배하고 있는 것처럼 보이는 시간의 사슬로부터 우리를 자유롭게 해주는 우리의 가장 좋은 친구가 될 수 있습니다. 그러나 어떻게요? 결코 실패하지 않는 한 가지 방법은 우리 자신의 호흡을 관찰하는 겁니다.

들이마시고, 내쉬고, 그 사이 지점, 이 셋이 생명의 삼위일체를 이룹니다.

여러분의 알아차림은 호흡 사이에 있습니다.

생각과 생각 사이는 생각의 근원이 존재하는 곳입니다. 시작, 유지, 그리고 끝, 알파와 오메가가 하나가 됩니다. 시작과 끝이 하나가 됩니다.

시작이 있기 전에 존재의 공이 있었습니다.

공은 빈 것을 의미하지 않습니다. 이것은 사물의 부재(no-thing)를 의미합니다. 사물의 부재.

공 속에는 사물이 없습니다. 그러나 모든 것이 공 속에 있습니다. 물리적 공간에서 우리는 이것을 양자 진공이라고 부를 수 있습니다. 모든 것은 양자 진공에서 갑자기 나타납니다. 그래서 오늘날 물리학자들은 양자진공을 이해한다면, 물리학을 이해할 수 있다고 말합니다.

그런데 부처님께서도 같은 말씀을 하셨습니다.

도교도 같은 걸 말했고 베단타는 알아차림은 삼위일체적이며 이것이 공하다고 말합니다.

여러분이 공을 이해한다면, 여러분은 거기에 있습니다. 요점은 시작과 끝이 거의 같다는 겁니다.

불교, 시바주의, 도교, 베단타에 의하면 모양과 물질적 요소를 지닌 것은 모양 없는 것에서 왔습니다.

그렇다면 첫 번째 상태는 뭐로 만들어진 것인가요?

그것이 근본 존재감(the Presence)입니다.

우리를, 우리의 호흡을 살펴봅시다. 우리의 호흡은 계속됩니다. 그러다 어느 날 멈춥니다.

우리가 호흡하는 동안, 소리에 주목하지 말고 그 소리를 듣고 있는 거기에 주목합니다.

누가 듣고 있나요? 이걸 조사하세요.

그것이 "나는 그것이다"입니다. 모든 소리 뒤에 있는 그것. 간단합니다. 우리는 함께 이 심오한 진리를 탐구합니다. 와서 우리와 함께하세요!

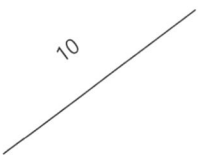

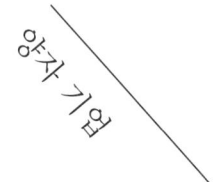

비즈니스 세계에서도 우주 법칙은 적용됩니다.

어떻게 다를 수 있겠습니까?

우리는 양자역학(우리가 가지고 있는 가장 성공적인 과학 이론)이 세상에 대해 알려주는 것과 어떻게 이런 지식이 기업 세계에 적용되고 측정될 수 있는지에 대해서 양쪽 모두의 이론적 토대를 탐구할 수 있습니다.

일상생활에 양자역학이 뭐 그리 중요한가라고 궁금해할 수도 있습니다.

대답은 물리학에 있는 모든 것이 중요하다는 겁니다. 과학 세계와 일상 세계라고 하는 두 개의 세상이 있는 게 아니라, 한 개의 세상만이 있습니다. 그리고 그 한 개의 세상은 기업 세계이기도 합니다.

양자 기업에서 우리는 우주에 관한 현대 양자이론적 견해의 근본적인 법칙들을 검토할 수 있습니다.

자연의 법칙, "예 그리고/또는 아니오" 또는 통합적인 양극성(상보성이라는 과학 원리로 알려짐); "여기서 그러한 것처럼, 다른 곳에서도 그러하다" 또는 회귀(과학 용어로는 보편성); 흐름, "우리를 함께 묶어놓는 창조적 과정" 또는 프로세스(과학 용어로는 창조적 상호작용)는 공허한 철학적 표현이 아닙니다.

이들은 실재의 모든 차원에 적용됩니다. 관찰되어서 "경계"나 한계를 규정짓게 되는 특정 프로세스의 맥락도 양자역학의 한 모습입니다. 관찰은 관찰자에 의해 설정되는 경계들에 얽매입니다. 그런 경계들은 절대적이지 않습니다.

우리는 양자역학에서 나온 실용적 측면들을 검토해서 기업 세계에다 적용할 수 있습니다. 이들 원리들이 우리 생활의 하나의 확장에 불과한 기업 세계에 어떻게 실질적으로 적용될 수 있을까요?

우리가 얻게 될 해답과 통찰력은 우리를 놀라게 할

것입니다. 현대 양자이론은 과학 분야에 관련이 있을 뿐만 아니라, 심지어 우리가 실제로 누구인지, 우리의 세속 활동이자 생활의 일부인 기업 세계를 이해하는 데 더 많이 관련되어 있습니다.

CEO들과 종업원들을 위한 워크샵에서는 이론적 이해와 실천적 이해 그리고 경험적 탐구 모두를 다룹니다.

비형식적이고 편안한 분위기에 맞춰 기업 대상 교육을 디자인하는데, 상호작용하고, 질문하고, 통찰력을 제공할 충분한 시간을 둡니다.

청중의 집합적 지혜에, 특히나 근본적 존재감 속에 있는 동안 흐름의 프로세스에 다가갑니다! 재미라고 명명한 여러 활동 후에, 기업 세계에서 논의되고 있는 원리들에 집중하고 이를 탐구합니다.

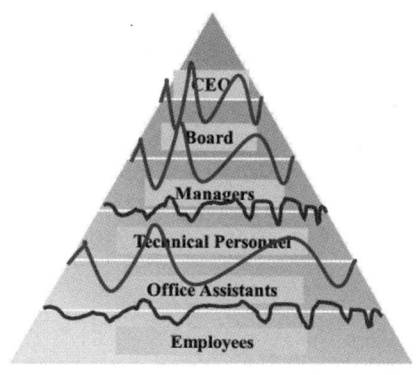

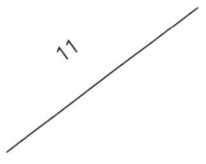

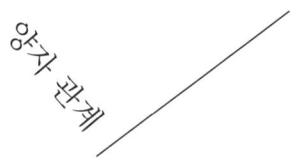

왜 우리는 관계를 맺나요?

좋은 관계란 어떤 건가요?

관계를 어떻게 개선할 수 있나요?

현대 과학은 자연법칙에 대해, 그리고 관찰자로서의 또한 참여자로서의 우리 역할에 대해 강력한 이해를 제공합니다.

관계에 적용해 보면, 이들 법칙들이 실제로 어떤 식으로 관계에 새로운 의미를 부여하는지를 알 수 있습니다.

개인적으로 받아들인다거나 파괴적인 관계 속에 "갇혀 있기"보다는, 통합적인 양극성, 회귀, 흐름의 세 가지

'자연' 법칙이 관계의 세 F가, 즉 자유, 흐름, 재미가 된다는 걸 알게 됩니다.

우주의 영(spirit)이 여러분과 그리고 여러분과의 관계 속의 이들과 함께, 우리를 통해 흐릅니다. 여러분이 생각하고 있는 미래 또는 더 나은 사회의 모습은 어떤 겁니까?

새로운 패러다임에 기반을 둔 사회는 다른 동료 인간들과 그리고 자연과 더 나은 관계를 가능하게 해줄

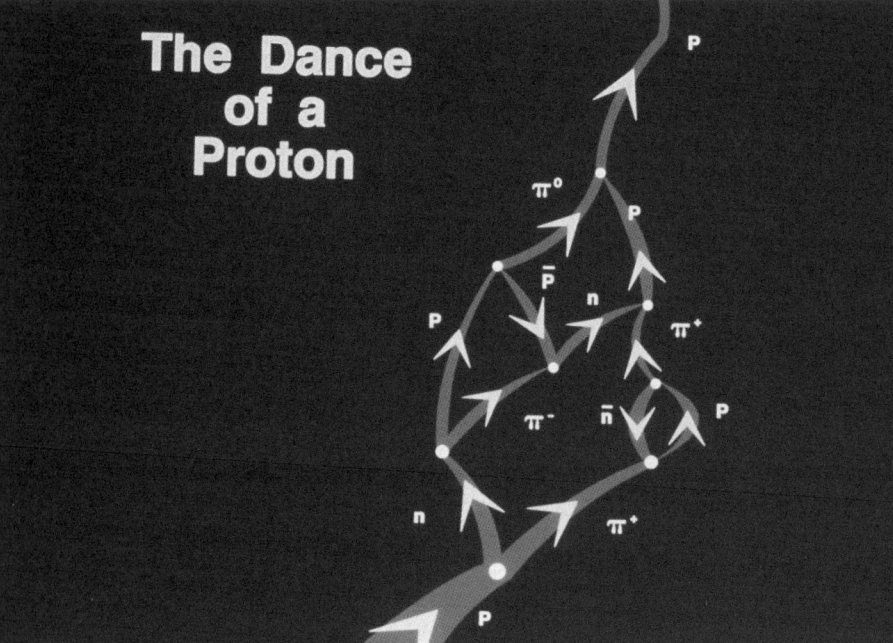

겁니다.

삶이 진화하듯 사회도 진화합니다. 하지만 모두를 위해 가장 좋은 방향으로 진화하는가가 의문입니다.

제가 제시하는 비전은, 우리 주변 모두가 결국 정말로 우리이기 때문에 정확하게 모두에게 최선이 됩니다.

이것이 관계에 대한 참 이해입니다.

이론적인 지식이 아닙니다. 단순히 말만 하는 게 아닙니다. 말은 더 많은 말을 나을 뿐입니다.

앉으세요. 여러분의 호흡을 따라가세요. 여러분은 자신의 호흡을 압니다. 그 소리에 귀를 기울이세요.

결과는 빠르게 나타납니다. 결과가 빠르지 않다면, 다시 또다시 해보세요. 그러나 가장 중요한 관계는 여러분 자신과의 관계입니다!

자신의 자아를 이해하지 못하고는 어떤 대인 관계도 가능하지 않습니다. 외적인 관계를 시작하게 되면, 한동안은 관계가 지속될 수도 있겠지만 결국 틀어지게 됩니다.

대인 관계없이 어떠한 종류의 인간이 진정 존재할 수

있겠습니까? 그래서 오늘날의 과학은 고대 가르침에서 많은 걸 배울 수 있다고 생각합니다. 고대 가르침들은 실제로 현대 양자이론에 의해 확인되고 있습니다.

그래서 과학과 일상생활 간의 대화는 매우 중요합니다. 우리가 해야만 하는 것은 친구로서 말하는 것입니다.

적이 아니라 형제와 자매로 이야기해야만 합니다. 오늘날 세상은 적이 될만한 시간이 없습니다. 우리가 늘 적을 찾는다면, 우리 주변에서 적을 발견하게 될 겁니다. 그러나 우리가 친구를 찾는다면, 친구 또한 찾게 될 겁니다. 이건 우리에게 달려 있습니다!

고대 가르침들은 바로 이 인간 육신 안에 달이 있고 태양이 있고 꽃들이 있고 모든 것이 있다고 말합니다.

"위에서 그러하듯, 아래도 그러하다."

의사들이 이 법칙들을 깨닫기 전까지 서양 의학은 표층 문제만을 고치려 할 겁니다. 오늘날 우리는 은하성단을 볼 수 있습니다.

이들은 신경세포처럼 보입니다!

뇌 속의 신경세포처럼 보입니다.

우리는 단지 하나의 에너지, 하나의 근본적

알아차림만이 있다는 걸 깨닫습니다. 그리고 우리가 그것(That)입니다. 하나의 에너지. 모든 곳에 존재하는 하나의 에너지.

오래된 친구를 만나면, 여러분은 그 사람을 포옹하고 눈을 감습니다. 무슨 일이 벌어지고 있는 건가요?

여러분은 겉모습 너머로 갑니다. 여러분은 눈을 감고 가슴 대 가슴으로 소통합니다. 우리는 매일 밤 그렇게 합니다. 두 눈을 감습니다. 우리가 눈을 감지 않으면 잘 수가 없어 미쳐버립니다. 맞지요?

오늘날 심각한 사회문제들 중 하나가 사람들이 잠을 잘 수 없다는 겁니다. 여러분이 잠에 들었을 때, 여러분 내면에 있는 큰 사랑(the Love) 속으로 다시 들어갑니다. 아닌가요?

불행하게도 과학에는 아주 큰 문제가 있습니다.

과학에는 사랑, 지복에 대해 말하는 것이 아무것도, 전혀 어떤 것도 없습니다. 이건 큰 문제입니다. 그래서 우리는 호흡 사이에, 생각 사이에 항상 있는 사랑을 경험하기 위해 영적 수행과 명상으로 향하게 됩니다.

여기에 있는 우리에게, 생생한 존재감으로 살아가기는 이론을 넘어서, 말하자면 문제의 핵심으로 향하는 겁니다. 즉, 여러분이 생생한 존재감입니다.

이제 이를 알아차리고 그렇게 사십시오!

요약

(<생생한 존재감의 삶> 원리들을 여기 별도 페이지로 요약했습니다):

★ 근원적 알아차림이 근본적 실재다
- 근원적 알아차림 또는 의식이 근본적인 실재 전체다.
- 시간이나 공간에 제약을 받지 않는 근원적 알아차림 없이는 아무것도 존재하지 않는다.
- 순수한 근원적 알아차림의 필드가 존재하며 이는 일상생활 속에서 우리의 경험을 통해 드러난다.

★ 실재의 삼위일체성
- 실재는 존재, 알아차림, 완전함(영적 지복)으로 이뤄진다. 이 셋은 하나다.
- 이는 불교, 기독교, 베단타, 모든 위대한 영성의 길과 유사하다.

★ 경험을 우주의 원동력으로 이해해야 된다
- 양자역학에 의하면 우리는 참여적인 우주에 살고 있으며, 근원적 알아차림이 근본이다.
- 과학과 일상 세계라는 두 세계가 있는 것이 아니라 하나의 세계, 즉 양자 세계만이 있다.

★ 세 가지 자연 법칙
- 근원적 알아차림은 세 가지 근본적인 자연 법칙을 통해 우리의 경험 세계를 투사한다.
- 통합적인 양극성(양자역학에서는 상보성): "예 그리고/또는 아니오". 다양성 속에 통일성.
- 회귀(또는 보편성). "여기서 그러한 것 처럼, 다른 곳에서도 그러하다". "지상에서 그러하듯 하늘 위에서도".
- 흐름(또는 창조적 상호작용): 모든 것은 프로세스다. 관계 & 행복.

★ 양자역학에서 취할 교훈들

- 관찰자 측면에서의 자유, 그리고 자연 측면에서의 자유: 진정한 자유가 세상을 움직인다!
- 경계는 관찰자의 제약, 즉 우리 자신의 마음에 의해 만들어진다.

★ 시간이라는 경계와 마음 알아차림

비국소적이고 얽혀있는 양자세계가 어떻게 분리로 가득한 고전 세계로 나타나는가? 마음의 작용은 다른 무엇보다 중요하다. 왜냐면,

- 마음이 근원적인 알아차림을 가리고 경험을 흐르게 한다.
- 자연법칙을 이해하면 여러 가능성을 지닌 우주를 즉시 이용할 수 있다.
- 우리는 우리의 마음을 안다. 알아차림은 근원이며, 마음은 그 도구다.
- 시간 그리고 시간 너머로 가기. 완전한 고요로 가득한 마음 내면의 동굴.
- 고대 가르침들 그리고 세상이라는 바깥 환상에 대한 이해와 마음에 대한 이해.

★ 근원적 알아차림: 실제생활에서 내적 알아차림 경험하기
- 자연법칙(통합적인 양극성, 회귀, 흐름).
- 의식의 힘(의지력, 지식, 행동). 알아차림의 작용(창조, 유지, 재흡수, 숨김, 드러내기).
- 알아차림. 시간 너머로 초월. 내적 관찰과 지금 속에 정적. 고대 가르침과 유사. 명상은 알아차림이다. 여러분이 알아차림이다!

Menas Kafatos

영성 시대를 준비하는 과학자

ⓒCBS세바시팀 제공

세계 다양한 대중들에게 던지는 질문
새롭고 행복한 대답을 전하는 Dr. Menas Kafatos의 강연

L.A. 강연 소개 글

'나는 누구인가'(Who am I?)

당신은 당신이 생각하는 존재가 아니다.
당신은 왜 여기에 있는가?
당신이 그토록 소중한 존재인 까닭이 바로 여기에 있다.

인간은 누구나 인생의 어느 시점에서 이런 질문을 하게 됩니다. '나는 누구지?' 별로 가득 찬 하늘을 보거나, 혹은 아름다운 석양을 보다가 갑자기 떠오를 수도 있고, 예상치 못한 병으로 생명의 유한함을 깨달으면서 묻게 되기도 합니다. 사실, 이것은 인간에게 가장 근본적인 질문이지만 사는 동안 거의 생각하지 않는 질문이기도 합니다.

왜일까요? 어쩌면 당신은 당신이 생각하는 존재가 아닐지도 모릅니다. 당신의 마음, 심지어 당신의 몸조차. 이게 무슨 이야기일까요?

과학을 통해 '나는 누구인가?'라는 오래된 질문에 대해 전혀 새롭고, 행복한 대답을 여러분에게 들려드릴까 합니다.

　명상하는 물리학자 미나스 카파토스 박사는 최근 국내의 대표적 강연프로그램인 CBS '세바시'(세상을 바꾸는 시간 15분)에서 한국의 젊은세대는 물론 일반 청중들로부터 단 15분 명상강의로 열렬한 인기를 독차지하고 있는 과학자입니다. 1,000여 명의 청중이 그의 명상강의를 듣고 일제히 눈을 감고 명상에 들어가 새로운 정신세계를 담아 평안함을 느꼈다고 합니다.

그리스의 고도 크레타 섬이 그의 고향입니다. 어렸을 때부터 예술적 재능이 넘쳤던 그에게 부모는 파리에 가서 화가가 되라고 했지만, 그는 미국에서 과학자가 됐습니다. 코넬대학에서 학사, MIT에서 박사학위를 받았고, NASA에서 어렸을 때부터 그리워하던 그의 고향 우주를 탐구했습니다. 그리고 30여 년간 조지메이슨대학에서 물리학을 가르쳤습니다. 그동안 과학자로서 수많은 연구 성과를 냈고 바로 그 우주의 비밀에 한 발 한 발 접근했습니다. 지금까지 5000만 달러 정도의 미국 정부지원 연구 프로젝트를 진행했습니다. 그러나 다가가면 다가갈수록 과학만으로 풀 수 없는 한계에 부딪쳤습니다. 시간도 마찬가지입니다. 동일한 사건이라도 정지해 있는 관찰자의 시계로 재면 굉장히 긴 시간이지만 빨리 움직이는 관찰자의 시계로는 찰나나 1초가 될 수 있다는 것입니다. 만일 빛의 속도로 움직이는 관찰자가 있다면 그에게는 시간이 멈춰 영원한 현재일 수도 있다는 것입니다. 절대적인 시공간의 개념이 존재하지 않는다는 사실은 '우리가 진실이라고 믿는 모든 것이 과연 존재하는가?'라는 물음을 던져주고 있습니다.

카파토스 교수는 "그동안 수많은 강연을 했지만 한국인처럼 열심히 강의를 메모하고 오랜 친구를 만나는 것처럼 반가워하는 이들은 처음 봤습니다"며 "이번에 LA에서도 한인들을 만나게 됨을 큰 기쁨으로 여기고 있습니다"라고 말했습니다. 그는 LA코리아타운에서의 강의를

계기로 한인사회와 그리스 커뮤니티와의 교류도 모색하고 있습니다.

현재 코리아타운과 가까운 피코 불러버드와 놀만디 근처에 그리스 정교회가 있는데 평소 한인사회와의 교류를 바라고 있었습니다.

그는 한국에 많은 관심과 함께 남다른 애정을 지니고 있습니다. 그의 부인이자 동료교수인 수잔 양 박사(Dr. Susan Yang, Chapman University 신경과학)가 한국인입니다. 이화여대 · 조지아 메이슨 대학원 생물정보학 석사 · 조지 메이슨 대학 컴퓨터생물학 · 신경과학 박사입니다.

양 박사는 컴퓨터를 이용한 뇌 · 척수 연구 분야의 권위자로 학문적 성과를 인정받아 조지 메이슨대 동료학자 3명과 함께 채프먼 대학에 특채된 바 있습니다.

현재 양 교수는 이화여대 홍보대사도 맡고 있습니다.

카파토스 교수는 한국민화에도 심취하고 있는데 LA 소재 홍익민화연구소의 최순용 원장이 그의 민화 스승입니다. 최근 그는 국내 체류 중 지난 1월 21일 민화와 양자역학의 대화라는 주제로 대화 모임을 가져 이채를 모았습니다. 그리고 그는 청국장과 된장찌개 등 한국 음식도 좋아하고 한국 드라마 광개토대왕과 각시탈을 감명깊게 보았다고 합니다. 그는 한국은 충분히 부유한데도 사람들이 행복해 보이지 않아서 놀랐다며 삶의 부피를 키우면 행복해질 것이라는 것은 착각이라고 말했습니다. 한국에서 그가 명상강의를 하면서 잠깐 숨을 멈추고 내가 존재한다는 것을 끊임없이 발견할 때 우리의 영혼은 비로소 불안에서 벗어날 수 있다는 것을 일깨워 주었습니다.

명상하는 양자물리학자 카파토스 교수

수불(修弗) 합장
동국대학교 국제선센터 / 안국선원 선원장

2016년 초에 미국 채프먼대학교 부총장을 지낸 세계적인 양자물리학자 미나스 C. 카파토스 교수가 방한하였을 때, 소납은 동국대학교 국제선센터 선원장으로서 우리 대학교에서 그와 공개대담을 가졌다. 우리는 '과학과 종교의 만남'을 주제로 의견을 나누었는데, 얼마 안 가서 서로 오랜 지기(知己)를 만난 듯이 의기투합하였다.

지성적이면서도 유머가 넘치고 또한 마음이 활짝 열려있는 카파토스 교수와의 대화는 정말 시간가는 줄 몰랐고, 동참했던 많은 청중들도 대단히 유익한 시간을 가졌다고 입을 모아 말했다. 카파토스 박사는 양자역학의 입장에서 말하고 나는 선불교의 입장에서 말했는데, 우리는 비록 다른 방향에서 보고 있지만 결국 같은 것에 대하여 대화하고 있다는 사실을 자각했다.

그 '같은 것'이란 부처님께서 깨달으신 '생명의 실상' 즉 '마음'이다. 양자역학은 마음이 실재를 어떻게 드러내는가를 밝히고 있다면, 선불교는 중도실상(中道實相)인 마음을 직지(直指)한다. 카파토스 교수는 양자물리학에서 얻은 통찰적 지혜를 책제목인 《생생한 존재감의 삶》이라고 표현했는데, 그가 말하는 '생생한 존재감(Living Presence)'을 불교에서는 '영원한 생명의 부처'라는 뜻인 '아미타불[無量壽佛]'이라고 부른다.

한국인들이 좋아하는 소설인 《희랍인 조르바》를 쓴 그리스 출신의 소설가 니코스 카잔차키스의 고향인 지중해 크레타 섬 출신인 카파토스 교수는 미국 채프만 대학교 전산물리학과 석좌교수로서 한국을 사랑하여 고려대학교 환경생태공학부 우수초빙교수로도 일하고 있다.

그는 어렸을 때부터 우주가 고향이라는 생각을 품고 자랐으며, 타고난 예술적 재능을 지니고 한국민화에 심취한 화가이기도 하다. 아마도 부인이자 동료교수인 신경과학자 수잔 양 박사를 통해 한국의 문화에 익숙해진 영향이 아닐까 짐작해본다.

우리가 대담에서 다룬 주제 중에 특히 '시간'에 대해 나눈 대화가 인상 깊었다. 내가 "시작과 끝이 동시인 모양 없는 모양에서 뭔가 비롯됐는데, 뭐가 세상에서 가장 먼저 만들어졌을까요?"하고 물었을 때, 카파토스 교수는 이렇게 대답했다.

"이 질문은 인간 존재에 대한 질문이라 생각합니다. 우리는 태어나서 살다가 결국엔 사라진다고 믿습니다. 그러나 양자역학에서 볼 때, 직선적인 시간이란 없습니다. 부처님께서는 시간의 의미를 이해하셨고, 따라서 시간의 제약을 받지 않았습니다. 시작과 끝이 없다고 하셨고, '생사가 곧 열반'이라고 했습니다.

양자역학에서 보는 바로는 실재를 가리는 베일 또는 탈이 있는데, 역할이 바뀌면 탈은 바뀌지만 탈 안의 존재는 변하지 않습니다. 우리는 그 역할에 갇혀 탈이 자신이라고 생각합니다. 그래서 시작이 있고 끝이 있다고 생각하는 것입니다. 하지만 탈 속의 진짜 얼굴, 즉 현상의 '너머'는 시간을 넘어서는 것입니다.

오늘날 불교와 과학에서 시간은 마음속에 존재한다고 동의합니다. 알파와 오메가는 하나입니다. 우리가 시작이라고 하는 것 이전에, 빈 것이 있었습니다. 공(空)이라는 것은 아무것도 없는 게 아니라, 무엇이든 가능하다는 것입니다. 이것을 '양자진공(Quantum Vacuum)'이라고 하는데, 이를 이해하면 양자역학을 이해하는 것과 같습니다. 부처님께서는 놀랍게도 2,600년 전에 이미 공을 말씀하셨습니다."

그리고 또한 내가 "불교에서는 '부모미생전(父母未生前) 본래면목(本來面目)이 무엇인가?'하는 질문을 던져, 우주가 만들어지기 전의 본래면목이 무엇인지를 참구하도록 합니다."라고 했을 때, 카파토스 교수는 이렇게 대답했다.

"우리 몸은 10조 개가 넘는 세포로 이뤄져 있습니다. 우리 몸의 세포 대부분은 인간세포가 아닙니다. 10대 1 정도로 박테리아와 인간세포가 균형을 이뤄 공생하고 있습니다. 우리 몸은 외부생명에 점령당해 있어서, 몸을 '나'라고 할 수가 없습니다.

그렇다면 부처님께서 말씀하셨던 여여(如如)한 것은 무엇일까요? 우리들 자신의 존재에 대한 자각입니다. 우리는 자신의 존재를 인지하고 자각하는 존재입니다.

사실 존재라고 하는 것은 절대적이지 않습니다. 동상처럼 굳어있는 것이 아니라 늘 움직입니다. 양자역학에서는 이것을 '통합된 양극성'이라고 합니다. 양자역학에서 존재란 활동하지 않는 것이 아니라 과정(Process)을 말합니다."

과학은 오랜 기간 동안 연속적으로 변화 발전하여왔기 때문에, 큰 힘을 갖고 있는 것이 사실이다. 그에 비해 깨달음은 시공을 초월해 바로 근본을 터득해서 마음의 눈을 뜨는 것이다. 이렇게 종교는 근원적 가치를 바로 체험하는 힘을 가지고 있다.

카파토스 교수는 불교를 배웠는지 모르겠지만, 그와 대화를 나누다 보면 불교적 가치를 터득하고 있다는 느낌을 받는다. 그가 말하는 과학은 종교 못지않은 깊은 지혜를 드러내고 있다. 보통사람들이 인식하는 정도의 차원을 넘어서 앞서가고 있다는 것을 느낄 수 있다. 그러면서 비유를 들어 말할 때도, 일반 과학자와 달리 과학을 통해 뭔가 깊은 세계를 체험한 분 같은 느낌이 든다.

앞으로 새로 전개될 미래에는 종교와 과학이 서로 소통하여 획기적인 발상과 영감을 주고받음으로써, 존재의 비밀을 푸는 열쇠를 제공하게 될 것이다. 그러기 위해서 종교와 과학은 진지한 대화를 나누어야 한다. 바로 이 점에서 누구보다 앞선 선각자인 '명상하는 양자물리학자' 카파토스 교수의 책을 일독하시기를 독자들께 기쁜 마음으로 추천하는 바이다.

양자과학과 마음의 이론이 놀랍다

이혜정 한국한의학연구원 원장
Lee, Hyejung · President, Korea Institute of Oriental Medicine

 오랫동안 과학적 지식에서 얻은 이해와 동서양의 철학을 융합시켜 온 저자는, 이 자그마한 책에서 마음을 얘기하고 시간을 정의한다. 그리고 '그 속에서의 나는 과연 누구인가?'를 탐구한다. 별들의 소근거림과 파도의 재잘거림에 경이로움을 느끼며 생생한 존재감으로 살아가야 할 삶이 우리 앞에 있음을 끊임없이 말하고 싶어한다.

 또한 저자는 새로운 양자과학의 패러다임을 보여주면서 우주에 적용되는 세 가지 자연법칙을 말한다. 서로 반대되는 것들이 다양성 속에 통일성을 제공하는 통합적 양극성의 법칙, '여기서 그러한 것처럼 저기에서도 그러하다'는 회귀 또는 보편성의 법칙, 그리고 우주의 모든 생명존재는 다른 뭔가와 끊임없이 상호작용을 한다는 흐름의 창조법칙이다.

 여기에서 우리는 참으로 놀라운 경험과 느낌에 직면한다. 일찍이 헤라클레이토스가 '모든 존재는 흘러간다' 말하며 마음이나 영혼과 물질세계 사이엔 명확한 구분이 없다는 견해를 피력하였듯이, 입자를 설명하는 양자역학이 실제로는 마음에 관한 이론이란 점이다.

일찍이 동양에서도 만물은 정지상태에 있거나 완성된 것이 아니라 항상 운동하고 변화하고 흐르는 가운데 에너지와 생명을 지속시켜왔음을 간파하였으니, 그러한 역동적인 흐름의 본성이 유기체인 우리 몸으로 들어와 음양오행으로 표현되는 한의학적 생명담론, 장부경락이론이 바로 그것이다.

갇혀있고 닫혀있기보다는 통합적이고 창조적인 흐름이 있을 때 우리를 지배하는 시간과 마음의 사슬로부터 자유로울 수 있고, 더 높은 지혜에 대한 깨달음과 함께 비로소 '나는 누구인가?'에 대한 해답을 얻게 된다는 저자의 결론에 다다르니, 어느덧 우리의 몸과 마음이 대화하고, 몸의 지혜가 소통되고 공명하는 경지에 이른 듯 가벼워진다.

추천의 글

배경민 신부

필명:이대아, "지상 최고의 아이디어를 찾아서" 저자

 수많은 사람들이 이 행성에 왔다가 떠났으며, 현재의 인류뿐 아니라 미래에도 역시 헤아릴 수 없이 많은 사람들이 나타날 것이다. 그 많은 사람들이 함께 어우러져 인류 가족애를 나누면서 모두 활기차고 행복하며 자아실현을 이루면서, 생명을 지닌 채 존재하고 있음을 기뻐하며, 일생을 영위할 수 있으면 얼마나 좋을까 하고 가끔 명상과 희망에 젖어 든다.

 Menas C. Kafatos 박사님은 바로 이 같은 인류 공동체를 지향하면서 각 개인의 보다 고양(高揚)된 인생이 구현되기를 소망하며, 40여 년 동안 물리학, 의학, 철학을 비롯한 인류가 개발한 각종 제반 학문을 넘나들며, 동양과 서양, 과거와 현재, 미래를 아우르면서, 전 생애를 투신하여 쉼 없이 탐구와 연구를 거듭하였다.

 영국의 문호 셰익스피어는 말하기를, 우리 인간은 각자 해야 할 고유한 역할이 부여된 무대 위의 주연 배우라고 하였다.

그러한 단 한 번의 인생을 보다 폭 넓게 숲을 보며, 진정 중요한 것을 깨달을 줄 아는 거시적이며 심도 있는 혜안으로 영위하기 위하여, 또한 다가오는 미래 세대에 전수해 주어야 할 고귀한 지적 유산으로서 놓쳐서는 안 될, Menas 박사님의 체험에서 우러나온 고견이 담겨 있는 본서, 생생한 존재감의 삶(Living the Living Presence)을 정독할 수 있기를 권하는 바이다.